BESTACTIVITYBOOKS.COM

Copyright © 2022 LINGUAS CLASSICS

PRIMEIRA EDIÇÃO - 2022

Ilustración gráfica adicional: www.freepik.com
Graças a Alekksall, Starline, Pch.vector, Rawpixel.com,
Vectorpocket, Dgim-studio, Upklyak, Macrovector,
Stockgiu, Pikisuperstar & Freepik.com Designers

Descobrir Jogos Online Grátis

Disponível Aqui:

BestActivityBooks.com/FREEGAMES

5 DICAS PARA COMEÇAR

1) CÓMO RESOLVER LAS SOPA DE LETRAS

Os puzzles têm um formato clássico:

- As palavras estão escondidas sem espaços ou hífenes,...
- Orientação: As palavras podem ser escritas para a frente, para trás, para cima, para baixo ou na diagonal (podem ser invertidas).
- As palavras podem sobrepor-se ou intersectar-se.

2) APRENDIZAGEM ACTIVA

Ao lado de cada palavra há um espaço para anotar a tradução. Para encorajar a aprendizagem activa, um **DICIONÁRIO** no final desta edição permitir-lhe-á verificar e expandir os seus conhecimentos. Procure e anote as traduções, encontre-as no puzzle e adicione-as ao seu vocabulário!

3) MARCAR AS PALAVRAS

Pode inventar o seu próprio sistema de marcação - talvez já use um? Pode também, por exemplo, marcar palavras difíceis de encontrar com uma cruz, palavras favoritas com uma estrela, palavras novas com um triângulo, palavras raras com um diamante, e assim por diante.

4) ESTRUTURANDO A APRENDIZAGEM

Esta edição oferece um **CADERNO DE NOTAS** prático no final do livro. Nas férias, em viagem ou em casa, pode facilmente organizar os seus novos conhecimentos sem a necessidade de um segundo caderno!

5) JÁ TERMINOU TODAS AS GRELHAS?

Nas últimas páginas deste livro, na secção **DESAFIO FINAL**, encontrará um jogo gratuito!

Rápido e fácil! Consulte a nossa colecção de livros de actividades para o seu próximo momento de diversão e **aprendizagem**, a apenas um clique de distância!

Encontre o seu próximo desafio em:

BestActivityBooks.com/MeuProximoLivro

Aos vossos lugares, preparem-se...Vão!

Sabia que existem cerca de 7.000 línguas diferentes no mundo? As palavras são preciosas.

Adoramos línguas e temos trabalhado arduamente para criar livros da mais alta qualidade para si. Os nossos ingredientes?

Uma selecção de tópicos adequados à aprendizagem, três boas porções de entretenimento, e depois acrescentamos uma colherada de palavras difíceis e uma pitada de palavras raras. Servimo-los com amor e máximo divertimento, para que possa resolver os melhores jogos de palavras e se divirta a aprender!

A sua opinião é essencial. Pode participar activamente no sucesso deste livro, deixando-nos um comentário. Gostaríamos de saber o que mais lhe agradou nesta edição.

Aqui está um link rápido para a sua página de encomendas:

BestBooksActivity.com/Avaliacoes50

Obrigado pela vossa ajuda e divirtam-se!

A Equipa Inteira

1 - Dirigindo

```
F T E D T B H P H V V V L R
T P L P O L I S I E R O I E
X G E V A A R K R I A E S M
W T X T N D Y P A L G T E M
V E R K E E R C H I M G N E
H M O T O R N E A G O A S N
B R A N D S T O F H T N I V
Q H D L G A R A G E O G E E
T O N N E L Z Z A I R E K R
K O N G E L U K S D N R A V
M O T O R F I E T S M C A O
M F A K J R Q Z F U F X R E
Q Y Y V K H K S T R A A T R
V E R S I G T I G H E I D B
```

ONGELUK	KAART
VRAGMOTOR	MOTORFIETS
MOTOR	VOETGANGER
BRANDSTOF	GEVAAR
VERSIGTIGHEID	POLISIE
PAD	STRAAT
REMME	VEILIGHEID
GARAGE	VERVOER
GAS	VERKEER
LISENSIE	TONNEL

2 - Atividades

```
U E W A T U I N M A A K I V
S T A P K X Q Z Q B K E Q I
K Q P O S T O W E R K U N S
I S L Q V C I B A Q W Y A V
L P E M K J Q W H H O A P A
D E S D E N H O I K U N S N
E L I B B W N A K T W B T G
R E E C B E L A N G E P R Y
Y T R W M X R S E D V I D W
Q J C P T G R R E L W S T V
K I A W F W G J F A T E X H
Y E R G K E R A M I E K R T
E S T Y U F L E E S M B Z K
V A A R D I G H E I D G Y C
```

KUNS	TUINMAAK
HANDWERK	SPELETJIES
AKTIWITEIT	LEES
JAG	TOWERKUNS
STAP	VISVANG
KERAMIEK	SKILDERY
VAARDIGHEID	PLESIER
BELANGE	

3 - Churrascos

```
G W B T P Y H O N G E R M O
U R D J O C S O U T V L I S
F I O W F B I C E X C H L O
A E T E M E S S E N D S R M
M Y Q N N W A R M A D P N E
I P W G O T V K H R Y E B R
L E A A N D E T E X U L R M
I P V C V H I P O V M E A U
E E L S V R U G T E P T A S
M R S L S O U S I W M J I I
T A M A T I E S I N W I F E
T C F A S D F N M G G E P K
A G K I N D E R S Y C S K Y
D H T E M I D D A G E T E H
```

MIDDAGETE   SPELETJIES
UITNODIGING   GROENTE
KINDERS   SOUS
MESSE   MUSIEK
FAMILIE   PEPER
HONGER   WARM
HOENDER   SOUT
VRUGTE   SLAAIE
BRAAI   TAMATIES
AANDETE   SOMER

4 - Pesca

```
C N X R Y W C A M G E W I G
O S E A A N Y K A W A T E R
O K A K E B E E N S B T B T
R H M E E R D M D Q O O B N
D G R B P C C Q J Y O E I R
R S T R A N D U I J T R E C
Y R I V I E R N E L Z U L I
W M C M K P U J I L M S J H
I R A Q V I N N E D C T F X
N H A A K K E Z V K D I G U
G E D U L D K W C W R N W F
F B Y S E I S O E N A G S U
O D G R A K J O O P A J I O
Z J B Y A L J Q L K D J E P
```

WATER	AAS
VINNE	MEER
BOOT	KAKEBEEN
KIEWE	OSEAAN
MANDJIE	GEDULD
KOOK	GEWIG
TOERUSTING	STRAND
OORDRYWING	RIVIER
DRAAD	SEISOEN
HAAK	

5 - Geologia

```
L A V A A T F W M G T Y A H
P K O N B S K W A R T S A T
R K E R O S I E P O S K R A
M A F H X N W S E T T R D Z
K L I P S D F H W K A I B R
M S U C V O W D A O L S E R
C I E F Q C U Z F N A T W R
X U N F E X D T J T K A I L
A M K E O Q L K U I T L N A
J U O K R S U U R N I L G A
T H R G X A S C D E E E O G
F Z A X C P L I U N T H J V
P L A T O K G E E T W J C K
E Q L Q V R Y V U L K A A N
```

SUUR	FOSSIEL
LAAG	LAVA
GROT	MINERALE
KALSIUM	KLIP
KONTINENT	PLATO
KORAAL	KWARTS
KRISTALLE	SOUT
EROSIE	AARDBEWING
STALAKTIET	VULKAAN

6 - Tempo

```
Z M J P T A V S X U Z B U E
W I O A K L O K C U V N O U
Z N G O A V O N A R A N A G
N U G G M R R K C C N B P J
J U E Y A B L N Y N D B A H
M T N E E U L I O B A D V N
A I D T N L P I K C G M E X
A C D K J A A R K S H D T W
N M F D S U P A S H E A U Q
D G Q K A L E N D E R G P V
I S E Y X G I S T E R V Z S
U P W E E K D E K A D E L F
A N B X Z K B T O E K O M S
M S E Q K D D K A N S A H L
```

NOU	OGGEND
JAAR	MIDDAG
VOOR	MAAND
JAARLIKSE	MINUUT
KALENDER	OOMBLIK
DEKADE	NAG
DAG	GISTER
TOEKOMS	KLOK
VANDAG	WEEK
UUR	EEU

7 - Astronomia

```
B A N M A A N C K H G F V S
X W X E A W P E Y P R S X W
A A R D E S G L W N Y I N A
S S P U W I T P A E Y Q F A
T T C W C S X E O N L U G R
E E Q U I N O X R K E I N T
R R R M B G T Q Y O H E P E
R R U M V N J K Q S Ï C T K
E E V U U R P Y L M Z D L R
B W S O N K R A G O N E E A
E A D G B A R K K S P P H G
E G B E S T R A L I N G G H
L S T E R R E K U N D I G E
D H E E L A L M E T E O O R
```

ASTEROÏDE	METEOOR
STERREKUNDIGE	NEWEL
LUG	STERREWAG
STERREBEELD	PLANEET
KOSMOS	BESTRALING
EQUINOX	SONKRAG
VUURPYL	AARDE
SWAARTEKRAG	HEELAL
MAAN	

8 - Circo

```
L E K K E R G O E D T O T Q
T R U U K J P I W X I F O V
F I R S O Q O A A P E P W S
F A S M E L V N R F R M E H
K A A R T J I E G A T E N T
B A L L O N N E R L D N A T
O L I F A N T X S M E E A O
T O B K H X A D L U A U R W
B D O B H T T Z E S J A R E
A K R O B A A T E I B M K R
T W U D I E R E U E W H M K
T O E S K O U E R K E Q A U
Q U Y Y Z N A R R D T N M N
K O S T U U M T F Q F O H S
```

AKROBAAT	AAP
DIERE	TOWERKUNS
BALLONNE	JONGLEUR
KAARTJIE	TOWENAAR
PARADE	MUSIEK
LEKKERGOED	NAR
OLIFANT	TENT
VERMAAK	TIER
TOESKOUER	KOSTUUM
LEEU	TRUUK

9 - Acampamento

```
T D Y C Y P K M C W B H N N
E W V X M O O A U K D O L A
N X I L B Y M A I T Z E S T
T H R F I M P N Y A Q D Y U
Z P J V U S A D V K P V U U
B G C G R A S G L H D U U R
O F H X B V K A N O G R P X
K A A R T O O D X H X U O Y
A K N P U N M I I W B C L P
J I G U O T Z E G Q M J D V
U N M R V U U R T O U A P J
I S A E Q U B E O X I G M I
T E T B E R G V L R O C T Y
M K T O E R U S T I N G M X
```

DIERE	BOS
AVONTUUR	VUUR
BOME	INSEK
KOMPAS	MEER
KAJUIT	MAAN
JAG	HANGMAT
KANO	KAART
HOED	BERG
TOU	NATUUR
TOERUSTING	TENT

10 - Emoções

```
T Y T X J H I G V O B V L S
K E G F S A N Z E N L R I I
P J E G L R H Y R T I E E M
U M G R Q T O D V S S U F P
Q C Z W H S U I E P S G D A
D T E V R E D E L A L D E T
A H H R F E I W I N V E X I
N I S E T R X D N N K P R E
K J G D V I Y G G E T S A M
B A R E R U S T I G H E I D
A U L V E R L E Ë W O E D E
A Y D M E O P G E W O N D E
R F K F S Q T O S Z B W A P
S R V K S C J Z M P C O T N
```

VREUGDE	VREDE
LIEFDE	WOEDE
OPGEWONDE	ONTSPANNE
BLISS	TEVREDE
KALM	SIMPATIE
INHOUD	TEERHEID
VERLEË	VERVELING
DANKBAAR	RUSTIGHEID
VREES	HARTSEER

11 - Ficção Científica

```
G E H E I M S I N N I G E R
S I Q R S D Y T F H F O E O
F Q P A H G Y E A E U N H B
D S Y J B U V G N E T T Y O
I L L U S I E N T L U P D T
S D G P O R R O A A R L E T
T E A T E R R L S L I O A E
O Q T L O N E O T Q S F T U
P X Z H R Q K G I V T F O T
I L P C A Y Z I E U I I O O
E B O E K E B E S U E N M P
A U I T E R S T E R S G I I
M P M P L A N E E T N D V E
D E N K B E E L D I G E U I
```

ATOOM	DENKBEELDIGE
TEATER	BOEKE
VERRE	GEHEIMSINNIGE
DISTOPIE	HEELAL
ONTPLOFFING	ORAKEL
UITERSTE	PLANEET
FANTASTIES	ROBOTTE
VUUR	TEGNOLOGIE
FUTURISTIES	UTOPIE
ILLUSIE	

12 - Mitologia

```
U  K  S  S  E  F  F  E  D  I  L  H  X  G
O  U  R  O  K  S  Z  W  I  L  E  E  R  E
K  A  H  Y  H  E  L  D  I  N  G  L  A  D
Q  Q  A  F  G  A  P  Y  Z  K  E  D  M  R
V  R  D  L  J  E  V  P  K  M  N  K  P  A
O  S  P  L  I  L  R  E  I  O  D  U  Z  G
S  S  K  E  P  S  E  L  K  N  E  L  Y  V
S  T  E  R  F  L  I  K  E  S  G  T  Z  X
K  W  E  E  R  L  I  G  P  T  P  U  J  H
D  H  A  R  G  E  T  I  P  E  Y  U  D  N
F  A  M  N  K  L  J  R  K  R  T  R  Z  X
W  R  A  A  K  T  L  A  B  I  R  I  N  T
N  J  M  A  G  I  E  S  E  R  D  C  O  U
O  O  R  T  U  I  G  I  N  G  S  X  Z  A
```

ARGETIPE	HELDIN
GEDRAG	HELD
OORTUIGINGS	LABIRINT
SKEPPING	LEGENDE
SKEPSEL	MAGIESE
KULTUUR	MONSTER
RAMP	STERFLIKE
STERKTE	WEERLIG
KRYGER	WRAAK

13 - Medições

```
K J D B B P S D I E P T E F
B R E E D T E Y R Y Y C F P
N Q S N D X N L X J Z Z W P
V O I C A U T O N B Y T E G
M Z M C O K I L O G R A M W
X L A X G I M M Z L T G A H
L Q L D R L E N G T E E S N
C I E H A O T B O X Z W S D
H W T S A M E T E R T I A L
T O D E D E R N W V Z G O O
V F O A R T M I N U U T T T
D R S G X E V O L U M E Z C
P K G Y T R D W K T K L F Y
N U L C W E G O N S G R A M
```

HOOGTE	METER
BYTE	MINUUT
SENTIMETER	ONS
LENGTE	GEWIG
DESIMALE	DUIM
GRAM	DIEPTE
GRAAD	KILOGRAM
BREEDTE	KILOMETER
LITER	TON
MASSA	VOLUME

14 - Plantas

```
P B G L R J M U S O K V P Z
B L R M W K P N S K L D L L
L O A X O X U Z P X I K A M
O M S N R L P N J Y M E N B
M H S K T U I N S W O M T E
B L A R E E R Z O M P O K S
L T V R L B O O M L I S U S
A P L K X A O B L A D S N I
R V N E S M V O T Q Q S D E
E H T J G B K A N X K B E G
W V W F L O R A T T T S R R
T J R B B E Q T O E J K W P
T S L L F S E H E K V I H G
G A C B O S K A K T U S E D
```

BOOM	BOS
BESSIE	BLAD
BAMBOES	BLARE
PLANTKUNDE	GRAS
KAKTUS	KLIMOP
PLANTE	TUIN
BOONTJIE	MOS
KUNSMIS	BLOMBLARE
BLOM	WORTEL
FLORA	

15 - Veículos

```
D K U B C Z E G V F B E T V
K U A U Z E P S U I G U W R
E A I S N V O I U E M Y G A
N M Y K E E A Y R T A X I G
Q B A K B N L E P S I M D M
A U X L A O J P Y E K G U O
V L F Y N X O I L R N A S T
M A E W D C B T N R V D L O
O N R E E M J I Q Z K P E R
T S R T X E T R E K K E R L
O I Y B P T S C O O T E R D
R D O K A R A V A A N E S Q
V L O T B O O T D T B T A L
H E L I K O P T E R C C A R
```

AMBULANS
FERRY
BOOT
FIETS
VRAGMOTOR
KARAVAAN
MOTOR
VUURPYL
HELIKOPTER
VLOT

SCOOTER
METRO
ENJIN
BUS
BANDE
DUIKBOOT
TAXI
PENDEL
TREKKER

16 - Restaurante # 2

```
N T S R G F O T I H Z M S J
S O U T F Z I E I E R S O A
J Q E H U K B O S L P S P U
Y M I D D A G E T E W P P N
K O E K E X V R O P J E K Z
D R A N K L D V E E I S S A
V S L A A I S K L L L E D D
R R W A T E R T E L A R L I
U C U K D V M T N L A Y S O
K C A G V U R K L Y N E O N
D X Z O T A V I S B D E V V
N R K H E E R L I K E L R P
N W K G R O E N T E T E K J
V Q K Y H X L U S M E S D F
```

MIDDAGETE	VURK
WATER	YS
DRANK	AANDETE
KOEK	GROENTE
STOEL	NOEDELS
LEPEL	EIERS
HEERLIKE	VIS
SPESERYE	SOUT
VRUGTE	SLAAI
KELNER	SOP

17 - Países #2

```
P R S P P R I K J N K M K U
O A U J A P A N A I B E K G
E S K S I R I Ë M G L X C A
K O H I L A O S A E S I G N
R M A M S A W O I R C K R D
A A Ï L I T N M K I F O I A
Ï L T I A T A D A Ë R T E I
N I I B L D E N E M A R K E
E Ë K A B N V X I L N I E R
N J L N A R V X T Y K Q L L
A E I O N K D E U C R Q A A
A G P N I V P D D P Y M N N
C Q X A Ë D Q O H Z K S D D
Q D I O L I N D O N E S I Ë
```

ALBANIË	LIBANON
DENEMARKE	MEXIKO
FRANKRYK	NEPAL
GRIEKELAND	NIGERIË
HAÏTI	PAKISTAN
INDONESIË	RUSLAND
IERLAND	SIRIË
JAMAIKA	SOMALIË
JAPAN	OEKRAÏNE
LAOS	UGANDA

18 - Cozinha

```
W M V F E P O T S E R V E T
W V O V C D T K O P P I E S
F O O X V V U R K E O Y E C
B Q R V R D B R A A I N T T
P D S C I R E S E P M S S H
V L K L E K K D F F W K T Z
X H O T S P E S E R Y E O S
R P O T K N R M L R M P K O
O A T S A S T V E Y K L K J
F R O K S N L C P S J E I Q
O O N D E X Y Z E K S P E M
A G Z C S T L D L A W E S I
A Q I J S J E S S S T L I Z
X B A K Y W R L J W Z V J U
```

VOORSKOOT	VURKE
KETEL	YSKAS
LEPELS	BRAAI
SKEPLEPEL	SERVET
KOPPIES	POT
SPESERYE	BEKER
SPONS	EETSTOKKIES
MESSE	RESEP
OOND	BAK
VRIESKAS	

19 - Brinquedos

```
F  J  A  L  U  O  U  B  O  O  T  V  X  G
T  J  U  C  C  Z  H  Z  O  T  K  R  T  Y
V  H  I  N  H  A  N  D  W  E  R  K  V  M
X  E  Q  X  S  Y  B  D  P  K  K  G  E  O
V  W  R  F  I  E  T  S  O  L  N  E  R  T
Y  L  Q  B  B  U  Y  O  P  E  W  R  F  O
Y  B  I  W  E  V  F  K  P  I  Z  O  L  R
E  S  P  E  L  E  T  J  I  E  S  B  O  F
O  C  U  S  Ë  M  L  F  Y  G  K  O  D  Y
H  E  T  U  D  R  W  D  D  M  A  T  D  P
D  R  O  M  M  E  G  Q  I  Z  A  J  Z  Q
V  L  I  E  G  T  U  I  G  N  K  B  T  F
V  R  A  G  M  O  T  O  R  U  G  A  S  W
G  U  N  S  T  E  L  I  N  G  S  L  U  O
```

KLEI	MOTOR
HANDWERK	GUNSTELING
VLIEGTUIG	VERBEELDING
BOOT	SPELETJIES
DROMME	BOEKE
FIETS	VLIEËR
BAL	ROBOT
POP	VERF
VRAGMOTOR	SKAAK

20 - Verão

```
E O R X J A J U Z G N V K B
D N E Q S I O C E M S Q K O
B T I R H L I T Y U P X U E
H S S A T H S V U S G I J K
V P M R P U P Y C I S E M E
R A X V R I E N D E S D P Z
E N N J F E L S J K M N V S
U N Q D U S E E L O I K H T
G I G U X G T J E X I L N E
D N X I D Q J R N C F C U R
E G T K U Z I K A M P E E R
N M W U K X E S A N D A L E
C E O D I J S T K B D D C B
Z Q J Y S N F A M I L I E V
```

KAMPEER	ONTSPANNING
VREUGDE	BOEKE
VRIENDE	SEE
TUIS	DUIK
STERRE	MUSIEK
FAMILIE	STRAND
TUIN	SANDALE
SPELETJIES	REIS

21 - Material de Arte

```
W A K R I E L M P S I N K M
K A B T A B E L A S L C L W
A I T V Y O U Z P T F Y A C
M K R E A T I W I T E I T Q
E L L H R T T A E O R D G B
R E C J P V V T R Z A D P O
A I D O Q E E E D P I A A R
S N M E R R Ë R Y R I U S S
J T N Y G F R Q F N V C T E
N V O H G K K A Z Q E S E L
W V L E H O U T S K O O L S
R R I M L E M P O T L O D E
N S E C F V K L E U R E R I
O Z A P Q E E S D I K X C V
```

AKRIEL	KLEURE
UITVEËR	KREATIWITEIT
WATERVERF	BORSELS
KLEI	POTLODE
WATER	TABEL
STOEL	OLIE
HOUTSKOOL	PAPIER
ESEL	PASTEL
KAMERA	INK
GOM	VERF

22 - Números

```
U G J W W N D S J D A I C D
S E W E J M O O K J N G F E
J N G U M J Z T E V W V T S
T W A A L F V W V E F V I I
W D A O M S Y E S J N I E M
I E G B O A F E E D U E N A
N R T P T R G J S R L L R L L
T T I Z X L A H T I T N V E
I I E A K F P Z I E X I Q G
G E N V Y F T I E N N Q E P
T N Q R T N Y T N A P J I N
S E W E N T I E N E G E B P
E F X T P B N S F I A Y B N
S E J Y F S Q E A S O P C V
```

VYF	VEERTIEN
DESIMALE	VIER
TIEN	VYFTIEN
SESTIEN	SES
SEWENTIEN	SEWE
AGTIEN	DERTIEN
TWEE	DRIE
TWAALF	EEN
NEGE	TWINTIG
AGT	NUL

23 - Especiarias

```
B U G B C K K A N E E L W K
D I P E L X O V I N K E L A
X W T G U I K L O K E Z Q R
R A E T N R O T J E Y U M D
E G F A E W M T U A O F R E
S U U R U R Y D W F N P K M
K L W K T N N E Y A N D P O
E W S S M C S P K N N R E M
R W O H U Q A J X Y C O P R
R D E L S O U T Y S F P E V
I F T Q K N O F F E L B R Y
E Y T K A S A F F R A A N X
J X W V A N I E L J E H S D
F H H I T G E M M E R U Y L
```

SAFFRAAN	UI
DROP	KOLJANDER
KNOFFEL	KOMYN
BITTER	SOET
ANYS	VINKEL
SUUR	GEMMER
VANIELJE	NEUTMUSKAAT
KANEEL	PEPER
KARDEMOM	GEUR
KERRIE	SOUT

24 - Aniversário

```
S P E S I A A L P I O J E V
I U U V D T J I I G P A G R
K A A R T E Y N R E P A V E
D L D I W Y S H E I D R T U
Z A I E K Y D I W I U W J G
T F G N K A L E N D E R O D
J D Q D G E L U K K I G M E
O M T E U C M V K O E K T V
N L X S Z U X I K W Q Y E O
G E S K E N K E E R I Q L L
G E B O R E G R R U W I E J
I R G S P N S I S V D S E I
C I E L U H F N E W V W R N
U I T N O D I G I N G S F X
```

VREUGDEVOL	DAG
VRIENDE	GESKENK
JAAR	SPESIAAL
OM TE LEER	GELUKKIG
KOEK	JONG
KALENDER	GEBORE
LIED	WYSHEID
KAARTE	TYD
VIERING	KERSE
UITNODIGINGS	

25 - Casa

```
S Y B E S E M N P S L I B R
L Q I S P I E Ë L V N G R C
A D B K O Z A G A R A G E C
A Z L M O L F G F T N O V G
P G I A U M D D O Y D R W J
K X O T K U B E N V A D W C
A K T V X W R U R E H Y R M
M R E T U I N R I N F N V E
E A E G U D H A V S C E P U
R A K A G G E L S T O R T B
Z N H U K Z E N C E X A R E
S L E U T E L S M R I M L L
H E I N I N G H G I A Q K S
C S J A K G B K W G P L Q U
```

BIBLIOTEEK	KAGGEL
HEINING	MEUBELS
SLEUTELS	MUUR
STORT	DEUR
GORDYNE	SLAAPKAMER
KOMBUIS	SOLDER
SPIEËL	MAT
GARAGE	PLAFON
VENSTER	KRAAN
TUIN	BESEM

26 - Vegetais

```
R L X K W O R T E L K S P N
A Z P N O G L X T D G E I J
D N A O I M S Q Q R E L E M
Y N M F Z T K B C N M D T W
S M P F V W A O H R M E E E
D A O E B B S Y M P E R R S
Q F E L H R Y S L M R Y S A
V S N I N I O F D E E K I M
R A A P E E Y C U K V R E P
S L A A I R C K C U E O L I
A O N Q O T V T N O Z I I O
O T N T K J H R L J L P E E
M P C Y T I B O U F P I G N
G H S F D E I T I G I Y X Q
```

<table>
<tr><td>PAMPOEN</td><td>SAMPIOEN</td></tr>
<tr><td>SELDERY</td><td>ERTJIE</td></tr>
<tr><td>KNOFFEL</td><td>GEMMER</td></tr>
<tr><td>EIERVRUG</td><td>RAAP</td></tr>
<tr><td>BROCCOLI</td><td>KOMKOMMER</td></tr>
<tr><td>UI</td><td>RADYS</td></tr>
<tr><td>WORTEL</td><td>SLAAI</td></tr>
<tr><td>SALOT</td><td>PIETERSIELIE</td></tr>
</table>

27 - Exploração

```
K P N X U B G Y C O B T A U
K N E H S Z E O W M M U M I
U R L I U I T P U T T I N G
T E R R E I N W A E Y J U H
V D U X X P H I K L W T W O
K U L T U R E N T E I J E N
Y Y M Y W D R D I E L N H B
M V O X N I U I W R D Z G E
S O E K E E I N I O E M R K
E L D R G R M G T A A L E E
G E V A R E T A E L Y W I N
O L K N A E E E I R G L S D
Z T S X Z N H N T S Q T O N
O N T D E K K I N G H W I K
```

DIERE
OM TE LEER
AKTIWITEIT
SOEKE
MOED
KULTURE
ONTDEKKING
ONBEKEND
BEPALING
VERRE

RUIMTE
UITPUTTING
OPWINDING
TAAL
NUWE
GEVARE
WILDE
TERREIN
REIS

28 - Balé

```
C I N T E N S I T E I T G S
O H D A N S E R S T D A E O
B K O M P O N I S E E R B L
Q Q U R J X S V C G K T A O
S M D G E H O O R N S I A E
U T U C R O Z K S I P S R F
V Q Y S E R G H Y E R T Z E
E X K L I K D R Z K E I A N
R I T M E E B R A O S E H J
C K B Z Z S K P X F S K M G
R E P E T I S I E P I E Q U
A P P L O U S D Y E E E I A
B A L L E R I N A J W H Z H
G R A S I E U S E J E B U Z
```

APPLOUS	GRASIEUSE
ARTISTIEKE	INTENSITEIT
BALLERINA	MUSIEK
KOMPONIS	ORKES
CHOREOGRAFIE	OEFEN
DANSERS	GEHOOR
REPETISIE	RITME
STYL	SOLO
EKSPRESSIEWE	TEGNIEK
GEBAAR	

29 - Conservação

```
S N Q W M I H T Y O N G V B
Z I T R A V O E M I A R E E
U N K R C S F K R S X O R S
P C D L D X S O W W L E M O
E U R F U S O S X H I N I E
E D J W P S S I M A K N N D
O N D E R W Y S P B L B D E
S O V J Q V D T H I I O E L
W F Q R X K L E I T M N R I
R K Q R V X S E W A A T D N
F J W D K L B M A T A Z W G
O M G E W I N G T Z T G B U
O R G A N I E S E M Z K P Q
A Q S N A T U U R L I K E L
```

OMGEWING	NATUURLIKE
WATER	ORGANIESE
SIKLUS	BESOEDELING
KLIMAAT	HERWIN
EKOSISTEEM	VERMINDER
ONDERWYS	GROEN
HABITAT	

30 - Adjetivos #1

```
B E L A N G R I K T Q U Z A
Y Y J A R O M A T I E S E A
G E C X R P A R J L O X G N
V Z J B J Q B T R L F H F T
G E H E I M S I N N I G E R
E A E C T F O S D U N Q G E
H K I G U G L T S O M S X K
M P S R Q R U I M T N G M L
O E W O N N T E F B A K U I
D R A O T N E K G U K D E K
E F A T N I E E R L I K I R
R E R M I D E N T I E S E G
N K Y A M B I S I E U S E J
E E R N S T I G E E Z M O W
```

ABSOLUTE	EERLIK
AMBISIEUSE	IDENTIESE
AROMATIESE	BELANGRIK
ARTISTIEKE	STADIG
AANTREKLIK	GEHEIMSINNIGE
GROOT	MODERNE
DONKER	PERFEK
EKSOTIESE	SWAAR
DUN	ERNSTIG
RUIM	

31 - Insetos

```
L A D Y B U G B F N P T O U
X Y L H T Y W A J A E V M K
X V H V K C A L S A R K S M
V Z T X V L O O I L D A K U
S P E W J A U W B D E K O V
L L R K O R R R Y E B K E L
V A M O T W W C B K Y E N M
Q N I H A E H B U O X R L K
I T E E U P J D N K P L A Z
N L T M A N T I S E Z A P R
M U S K I E T V G R R K P S
C I C A D A J W U R M I E R
W S P R I N K A A N B T R D
T K E W E R R N Y B K B Y E
```

BYE	LARWE
KAKKERLAK	NAALDEKOKER
KEWER	MANTIS
SKOENLAPPER	MOT
CICADA	WURM
TERMIET	MUSKIET
MIER	VLOOI
SPRINKAAN	PLANTLUIS
LADYBUG	PERDEBY

32 - Paisagens

```
Y S B E R G G M O E R A S R
H T Y E I W J L M L H V H I
P E R U K C W O E S T Y N V
X E U C Y W M N E T G Q U I
S F G W Y F A A R O S J S E
L V F V E E L D I E P E R R
I V G C W L K E U N S R R S
G V U L K A A N Q D B M P T
R S B Y A O A S E R L U R R
O B M B W S D H I A U U W A
T E S K I E R E I L A N D N
B R E I L A N D T I E Y I D
X G E Z V A L L E I G O L F
N O J H V N W A T E R V A L
```

WATERVAL	BERG
GROT	OASE
HEUWEL	OSEAAN
WOESTYN	MOERAS
GLETSER	SKIEREILAND
GOLF	STRAND
YSBERG	RIVIER
EILAND	TOENDRA
MEER	VALLEI
SEE	VULKAAN

33 - Dança

```
K U L T U U R M S C T V M J
C L C V T K P U P H R E L E
T X A B S P T S R O A N I K
W B Y S L B T I I R D N U S
Z L O U S U B E N E I O K P
V S Y H M I R K G O S O U R
G E N A D E E Y R G I T L E
R L K M S N P K Z R O M T S
N I O U L H E Y E A N G U S
Z G T Q N Y T F J F E H R I
P G I M W S I Z C I E P E E
O A N H E L S T L E L W L W
H A E S Y Q I E M O S I E E
B M A K A D E M I E P F H P
```

AKADEMIE	REPETISIE
KUNS	EKSPRESSIEWE
KLASSIEKE	GENADE
CHOREOGRAFIE	MUSIEK
LIGGAAM	VENNOOT
KULTUUR	RITME
KULTURELE	SPRING
EMOSIE	TRADISIONEEL

34 - Nutrição

```
F G G E W I G M D P G K T G
E G E S O N D R E R E O G E
R L B V N D U K W O C O Y S
M K A O H P Z C D T X L G O
E A L E E T L U S E V H I N
N W A D K U L Q G Ï E I F D
T N N I A B I T T E R D S H
A E S N L S S D F N T R T E
S E E G O D O Q Y E E A O I
I T E S R T I U U X R T F D
E B R T I I G E S D I E Z W
W A D O E K E L E C N D G E
Y R E F Ë E U S L T G Q U F
S E V Q J L R G E H A L T E
```

BITTER	SOUS
EETLUS	VOEDINGSTOF
KALORIEË	GEWIG
KOOLHIDRATE	PROTEÏENE
EETBARE	GEHALTE
DIEET	GEUR
VERTERING	GESOND
GEBALANSEERDE	GESONDHEID
FERMENTASIE	GIFSTOF

35 - Disciplinas Científicas

```
V I M M U N O L O G I E N K
B N C I C L P M O N F E E I
I I Y Z N H P J E T I K U N
O C O B U E E J F P S O R E
L J Y C Z S R M L T I L O S
O A Q T H I C A I R O O L I
G C L X F E B Q L E L G O O
I A N U Q L M O L O O I G L
E H U Q B K Y I C R G E I O
T A A L K U N D E W I I E G
P C X G C N B D P S E M E I
T E R M O D I N A M I K A E
R U G D I E G E O L O G I E
U U H N P L A N T K U N D E
```

BIOLOGIE	IMMUNOLOGIE
BIOCHEMIE	TAALKUNDE
PLANTKUNDE	MINERALOGIE
KINESIOLOGIE	NEUROLOGIE
EKOLOGIE	SIELKUNDE
FISIOLOGIE	CHEMIE
GEOLOGIE	TERMODINAMIKA

36 - Meditação

```
W A K K E R G J T S E G G G
Q A M U S I E K T T M E E K
N N L R Z W E F P I O D W G
A V Z I G A A T E L S A O E
T A J G L A A X R T I G O E
U A D E E R N I S E E T N S
U R W D E N D J P E S E T T
R D B A R E A I E V O R E E
T I P G M M G G K W R T S L
Q N C T K I A C T A A E M I
K G J E S N Y W I E I D D K
J C R S C G G U E W J F V E
B E W E G I N G F H M Y Y Y
A W Q R P O S T U U R Z Q T
```

AANVAARDING	BEWEGING
WAKKER	MUSIEK
AANDAG	NATUUR
DEERNIS	WAARNEMING
EMOSIES	VREDE
LEER	GEDAGTES
GEWOONTES	PERSPEKTIEF
GEESTELIKE	POSTUUR
GEDAGTE	STILTE

37 - Artes Visuais

```
P T P O S K E P P I N G S V
P O S E S R S D G X U A B E
V W T J N Y E B G I I R E R
G A Z L P T L C P W F G E N
B S V O O K Q K E J H I L I
F K J D R O F U R O O T D S
W I P Z T F D N S K U E H A
Z L L T R O N S P E T K O D
E D S M E E S T E R S T U K
J E C R T K I E K A K U W L
Q R X Y F U G N T M O U E E
S Y F O T O S A I I O R R I
G A E G F F T A E E L I K Q
R H B O T I S R F K M S O L
```

KLEI	FILM
ARGITEKTUUR	FOTO
KUNSTENAAR	KRYT
PEN	POTLOOD
HOUTSKOOL	MEESTERSTUK
ESEL	PERSPEKTIEF
WAS	SKILDERY
KERAMIEK	PORTRET
SKEPPINGS-	VERNIS
BEELDHOUWERK	

38 - Instrumentos Musicais

```
D A O C B G F M P U L D V F
H R F C A G D A P H M C D K
A A O N N O T R O M B O N E
R K R M J N B I H S A T K K
P I G M O G F M P A S A L L
U T V I O O L B I K U M A A
Q A C C C N U A N S I B V R
C A G T O K I O U O N O I I
A R B G N W T C O F D E E N
F A G O T S C Z A O Q R R E
P E R K U S S I E O B Y H T
Y P T K R H P M I N W N O Y
M A N D O L I E N B L U B N
Z P H V P S E T J E L L O N
```

MANDOLIEN	TAMBOERYN
BANJO	PERKUSSIE
KLARINET	KLAVIER
FAGOT	SAKSOFOON
FLUIT	DROM
HARMONICA	TROMBONE
GONG	BASUIN
HARP	KITAAR
MARIMBA	VIOOL
HOBO	TJELLO

39 - Escola #1

```
B  I  B  L  I  O  T  E  E  K  H  A  M  G
Y  T  C  M  A  F  M  E  R  K  E  R  S  E
F  N  U  G  P  J  I  W  Q  Y  J  T  T  T
P  O  T  L  O  O  D  I  A  U  V  H  O  A
E  N  V  E  D  M  D  S  L  P  I  F  E  L
K  D  R  S  O  T  A  K  F  A  E  Z  L  L
S  E  I  S  P  E  G  U  A  P  T  N  R  E
A  R  E  E  G  L  E  N  B  I  B  X  N  G
M  W  N  N  E  E  T  D  E  E  C  M  P  E
E  Y  D  A  H  E  E  E  T  R  L  V  B  C
N  S  E  A  O  R  B  O  E  K  E  X  N  N
S  E  Z  R  U  A  N  T  W  O  O  R  D  E
X  R  O  R  Q  M  U  J  H  P  X  Y  F  S
X  X  Y  R  D  M  U  V  C  G  A  A  B  M
```

ALFABET	MERKERS
MIDDAGETE	WISKUNDE
VRIENDE	LESSENAAR
OM TE LEER	GETALLE
BIBLIOTEEK	PAPIER
STOEL	DOPGEHOU
PENNE	ONDERWYSER
EKSAMENS	QUIZ
POTLOOD	ANTWOORDE
BOEKE	

40 - Adjetivos #2

```
D I K N A T U U R L I K E S
S P R O D U K T I E W E G T
O U F Y K Q W R V L A H E E
U N I V X P I O S E R P S R
T O O W Q R L T B G M E O K
M N U R E E D S E A P J N R
V I N T M R E S G N G Q D V
V U Z S E A Q F A T Y T K X
Z H B L C N L J A Y D F J L
T M L G N Z T E F V B H G N
H J F A M P Z I D D R O Ë U
N B E S K R Y W E N D E K W
K R E A T I E W E K V T E E
S E Q Q O U V B E K E N D E
```

OUTENTIEKE	NUWE
KREATIEWE	TROTS
BESKRYWENDE	PRODUKTIEWE
BEGAAFDE	SUIWER
ELEGANT	WARM
BEKENDE	SOUT
STERK	GESOND
DIK	DROË
NATUURLIKE	WILDE
NORMALE	

41 - Roupas

```
P N F V H B C B A A D J I E
N A M O O D E N I M Z A J X
B R J E E O I O I E L S Z Z
S M L A D M R K D E C X H Q
A B P S M O O S O K K I E S
N A Q T E A N R K I T G M K
D N B Y U J S J A O G N P O
A D C L H A N D S K O E N E
L W J Y Z M L M R H B T S N
E B R O E K O R O K L R Z D
A A N T R E K D R S O U V C
W F I Q R F T V E N E I P Y
H A L S S N O E R L S D F E
R G K U P I Z G O R D E L X
```

VOORSKOOT	HANDSKOENE
BLOES	SOKKIES
BROEK	MODE
HEMP	PAJAMAS
JAS	ARMBAND
HOED	ROK
GORDEL	SANDALE
HALSSNOER	SKOEN
BAADJIE	TRUI
DENIM	AANTREK

42 - Herbalismo

```
A R O M A T I E S E B G F B
B E S T A N D D E E L E O A
S A F F R A A N J K D H K S
G L C X U Q D O K N Z A O I
R O O S M A R Y N O A L L L
M C V T Y G A H I F K T J I
J J Q E U K G Q L F L E A E
B L O M H I O W W E A O N K
G E U R Q N N M F L V P D R
G R O E N I V I N K E L E U
V O O R D E L I G E N Y R I
S M G T I E M I E R T E B D
Q P P L A N T P C D E I E B
G Y T Z G M A R J O L E I N
```

SAFFRAAN	TUIN
ROOSMARYN	LAVENTEL
KNOFFEL	BASILIEKRUID
AROMATIESE	MARJOLEIN
VOORDELIGE	PLANT
KOLJANDER	GEHALTE
DRAGON	GEUR
BLOM	TIEMIE
VINKEL	GROEN
BESTANDDEEL	

43 - Férias #1

R S I D F B Q R D O E A N E
U A K J Q K M A I N F T H K
G M J U I K O K N T R A M S
S B M E E R T U U S X Q U P
A R C I H T O K Y P H E S E
K E H I P O R N I A N T E D
U E M C W I I I L N T O U I
V L I E G T U I G N A E M S
L E F T Q D H D D I S R Y I
Q F R E I S P L A N K I E E
B G C T M U Q D X G T S C M
Z U N W R Y S Y Y B V O M Z
Q G E L D E E N H E I D Q C
X U S F L T K A A R T J I E

DOEANE	MEER
VLIEGTUIG	TAS
KAARTJIE	RUGSAK
TRAM	GELDEENHEID
MOTOR	MUSEUM
EKSPEDISIE	VERTREK
SAMBREEL	ONTSPANNING
REISPLAN	TOERIS

44 - Frutas

```
O D S V P U A P P E L P A D
P R E X A A B O D P S Y V X
X U A P P E L K O O S N O G
V I H N A E A L X G U A K I
K W Y X J G C A O N U P A M
V E Y S A E K P E E R P D E
P E R S K E B P K K L E O F
I M B S O E E E I T E L R R
E S E Q E G R R W A M W B A
S T S K J V R S I R O N A M
A J S J A U Y Y I I E B A B
N M I S W H Y R N E N O O O
G C E V E X N M P N E A A O
J S U Z L M A N G O E S F S
```

AVOKADO	KIWI
PYNAPPEL	ORANJE
BLACKBERRY	SUURLEMOEN
BESSIE	APPEL
PIESANG	PAPAJA
KERSIE	MANGO
KLAPPER	NEKTARIEN
APPELKOOS	PEER
FRAMBOOS	PERSKE
KOEJAWEL	DRUIWE

45 - Corpo Humano

```
B K O P W W Q S P E P X Q B
R E A P A E P K H A N D K E
E N E K J T R O K A Y Y K L
I V A N E U S U V I R Q P M
N I I I X B F E V E L T M B
E N K E L L E R P I E Z O O
H G Z S Z O W E M V F T N O
O E U O V E O R N O Z A D G
O R M B D D W Z H O Y W J Y
G H X W Z T N I Y R M Q T I
T W F X B N P A N K L R T U
T C Z M J L Y C O O R E Y R
J T G H H X T K Q P I L P H
A U H C L H Y J K R Z V W G
```

MOND	OOG
KOP	SKOUER
BREIN	OOR
HART	VEL
ELMBOOG	BEEN
VINGER	NEK
KNIE	KEN
KAKEBEEN	BLOED
HAND	VOORKOP
NEUS	ENKEL

46 - Restaurante #1

```
O P H I B E S P R E K I N G
D L O M I B Z O M H E M S X
V A E A E M Z H U N L D I G
L A N L J N Q G N S N B B A
E T D L Z B U N A G E R E G
I R E E K O F F I E R O S P
S Y R R O A U N P U I O T T
E K N G M E S K K Z N D A I
R T I I B X R S Z B A K N D
V D K E U S X T I L Q K D J
E F R P I T T I G E I S D D
T N B D S B C E M I R Q E Z
H H W N V Y L K A V M P L Y
C G F N L D M K Q L V O E N
```

ALLERGIE	BESTANDDELE
KOFFIE	MENU
KASSIER	SOUS
VLEIS	BROOD
KOMBUIS	PITTIGE
MES	PLAAT
HOENDER	BESPREKING
KELNERIN	NAGEREG
SERVET	BAK

47 - Caminhada

```
V D N I R N K F T K M G S D
O I A O S W A A R L W O T Y
O E T Q N B M C D I E K E A
R R U K L I P P E M E V W G
B E U N Y K E O N A R O E E
E L R W A T E R X A B B L T
R H X F W V R I G T X E S I
E K R A N S B Ë D E O V R E
I A S O N T C N W W V P Y G
D A U M U D H T Z I Z A S K
I R D Z Y H T A Y L Q R R N
N T D K G I D S E D Y K X E
G O C O B O J I P E A E W U
W M Z V H M P E B N Z H I T
```

KAMPEER	ORIËNTASIE
DIERE	PARKE
WATER	KLIPPE
STEWELS	KRANS
MOEG	GEVARE
KLIMAAT	SWAAR
GIDSE	VOORBEREIDING
KAART	WILDE
BERG	SON
NATUUR	WEER

48 - Água

```
B N Z I O B D F P R W Q A R
M Q K D V E R D A M P I N G
D E Q W O S I S Z X Q L K Z
L M E T G P N R G V W Y B H
E I I R O R K E E K K V R O
O S F Z L O B S E Ë A T W S
K V Q V W E A T S U N T G E
S O S E E I A O T F A Y E A
Q I R Y P I R R O W A G I A
W Y I S U N O T O M L L S N
V F V R R G C U M W M S E T
J Z I F G B V L O E D W R A
N U E A M W N R E Q R O G U
W O R K A A N E C G V B G E
```

KANAAL	BESPROEIING
REËN	MEER
STORT	SNEEU
VERDAMPING	OSEAAN
ORKAAN	GOLWE
RYP	DRINKBAAR
YS	RIVIER
GEISER	VOG
VLOED	STOOM

49 - Ecologia

```
P K V X Z S F L O R A E H V
Y L F B N M H A B I T A T O
P I A C S A A V Q C M C D L
N M U N V T T R Z X O A Z H
L A N R T B Y U S N O M S O
H A A U F E T H U H R P I U
Q T O P L R C K A R L I U B
N D R O O G T E A Z E K X A
J B I S P E S I E S W H L R
G L O B A L E M A R I E N E
N A T U U R L I K E N Q Z C
H U L P B R O N N E G Q G H
D I V E R S I T E I T S F V
P L A N T E G R O E I Y U F
```

KLIMAAT	NATUURLIKE
DIVERSITEIT	NATUUR
SPESIES	MARSH
FAUNA	PLANTE
FLORA	HULPBRONNE
GLOBALE	DROOGTE
HABITAT	OORLEWING
MARIENE	VOLHOUBARE
BERGE	PLANTEGROEI

50 - Família

```
Y G E Z O S A D O G T E R N
K I N D E R J A R E M R M I
I X Y U R K I N D V S A L G
A B K D M I O F N R A K N G
B R O E R N O P H O F D N I
M Z K H V D M I K U P Y E E
C E L H A E V O O R O U E R
O B E W D R M R Y A U P F S
U Z I X E S A O O N M Z H U
P M N Y R Z A J E T A Z W S
A I K B L N U Y R D Q Z Q T
V Q I D I P M R V B E U E E
G D N I K V X F C B G R W R
A U D B E Q T A N N I E K E
```

VOOROUER	MAN
OUMA	MOEDER
OUPA	MA
KIND	KLEINKIND
KINDERS	VADER
VROU	VADERLIKE
DOGTER	NIGGIE
KINDERJARE	NEEF
SUSTER	TANNIE
BROER	OOM

51 - Férias #2

```
S C J F O T O S B B V I S A
E P U P N C N T E U E J R G
E V I A T B I R S I X W C V
R E I S S E D A P T X B C T
A R W P P I O N R E T E N T
L V W O A L V D E L Q S V K
B O L O N A G E K A H T A C
D E Y R N N Z K I N G E K U
H R V T I D R S N D Q M A D
E O I S N B E R G E A M N T
T X T D G A V F S R S I S G
T A U E K A A R T Q R N I G
L X X G L U G H A W E G E V
Y K O I R E S T A U R A N T
```

LUGHAWE	BERGE
BESTEMMING	PASPOORT
BUITELANDER	STRAND
VAKANSIE	BESPREKINGS
FOTO'S	RESTAURANT
HOTEL	TAXI
EILAND	TENT
ONTSPANNING	VERVOER
KAART	REIS
SEE	VISA

52 - Edifícios

```
E L O I S U P E R M A R K J
N Z J Z W T L B S U M W X L
D C D D V E A T J S B O O L
V E Z Q A A A E R E A O S A
S K O O L T S A U U S N B B
G T Z O X E K E R M S S K O
K A E X A R U D C T A T A R
R A R R X A U L T S D E J A
Z J S A R D R H O T E L U T
A K F T G E E R R A D K I O
T E N T E E W G I D I B T R
H Y P V W E A A N I O X F I
S U T S V U L O G O J W M U
F A B R I E K Z R N K G C M
```

WOONSTEL	GARAGE
KAJUIT	HOTEL
KASTEEL	LABORATORIUM
SKUUR	MUSEUM
AMBASSADE	STERREWAG
SKOOL	SUPERMARK
STADION	TEATER
PLAAS	TENT
FABRIEK	TORING

53 - Praia

```
S O U B O O T G S A P J F M
M A D Z L O S E A A N T M W
C S N T Z O S A M B R E E L
N T F D O K U S R Q Y E P X
K R L C A H A E W D T F J V
S A A M O L Y I K R A P R M
A N H C Q A E L U R R I F V
N D B A Z K M B S V N C C Q
D M H E N K E O K X Q S E E
E E M G A D N O V R T O U A
A E J X P M D T J G Q Q P Y
S R U K M Z O O I Y W V B H
O H J J S R I W E I L A N D
N J X V C H F M X K K X D U
```

SAND	STRANDMEER
BLOU	SEE
BOOT	OSEAAN
KRAP	RIF
KUS	SANDALE
DOK	SON
SAMBREEL	HANDDOEK
EILAND	SEILBOOT

54 - Xadrez

```
X U O Y Z P A S S I E W E V
X P J T Y E O M T E L E E R
K O N I N G I N F J O J H I
O Y L L W B E V P O F F E R
N B U B O V I U U C F N U W
O U W D I A G O N A A L I E
K O N I N G I G T F E K T D
A S S S T R A T E G I E D S
M W P P Z E J Y D N S X A T
P A D E E Ë H D G D C H G R
I R S K L L G S T M L X I Y
O T H P T S E W Y Q M J N D
E S L M T O E R N O O I G O
N T E E N S T A N D E R S H
```

OM TE LEER	PASSIEWE
WIT	PUNTE
KAMPIOEN	SWART
WEDSTRYD	KONINGIN
UITDAGINGS	REËLS
DIAGONAAL	KONING
STRATEGIE	OFFER
SPELER	TYD
SPEL	TOERNOOI
TEENSTANDER	

55 - Aventura

```
E F G T N V K Q B U G S V H
N R E I S P L A N I E K O W
T W L J V L A H N T V O O X
O P E N R I W W U S A O R N
E R E S I H P M W T A N B A
S O N G E W O N E A R H E T
I B T O N U Z V A P L E R U
A L H P D R N Y Y P I I E U
S E E K E E A S S I K D I R
M M I Z U Q Q V R E U G D E
E E D D V E I L I G H E I D
B E S T E M M I N G T E N X
A K T I W I T E I T E V G U
U I T D A G I N G S J X R R
```

VREUGDE	UITSTAPPIE
VRIENDE	ONGEWONE
AKTIWITEIT	REISPLAN
SKOONHEID	NATUUR
KANS	NUWE
UITDAGINGS	GELEENTHEID
BESTEMMING	GEVAARLIK
PROBLEME	VOORBEREIDING
ENTOESIASME	VEILIGHEID

56 - Surf

```
K A M P I O E N S T N K C E
U I T E R S T E T N Z N F U
T T U L M A A G E I F O R O
H C D T E N E G R I F S T E
Z G V E H E U E K X O E M J
S K A R E S T F T J T A S E
G V H S K U I M E Q H A T O
S Z J Z D T K Y B E V N R Y
A W N D C J P S P O E D A D
B E G I N N E R T G Q O N N
G E W I L D E L U Y O Q D B
Y R E V Q C U B D V L L G Q
E X G I I A A T K J B O F B
C K D S A T N X T B R F P F
```

ATLEET	OSEAAN
KAMPIOEN	GOLF
SKUIM	GEWILDE
STYL	STRAND
MAAG	BEGINNER
UITERSTE	SPOED
STERKTE	RIF
SKARES	WEER

57 - Floresta Tropical

```
Q R D D X K B X I S I C X Y
Q E B Z N L J N N P N W L W
W S O O A I X U S E H Q J S
O P R R T M Q B E S E D G O
L E P G U A W V K I E N E O
K K X T U A N K T E M R M G
E R K O R T R I E S S V E D
B O H U S W I G E J E O E I
R B E W A R I N G S P Ë N E
O O R L E W I N G Y E L S R
M O S A M F I B I E Ë S K E
N X T O E V L U G S X L A L
T V E E M J P Y P S K V P R
C M L D I V E R S I T E I T
```

AMFIBIEË	MOS
BOTANIESE	NATUUR
KLIMAAT	WOLKE
GEMEENSKAP	VOËLS
DIVERSITEIT	BEWARING
SPESIES	TOEVLUG
INHEEMSE	RESPEK
INSEKTE	HERSTEL
SOOGDIERE	OORLEWING

58 - Cidade

```
M J A B I B L I O T E E K B
U P U P Q T M N V P X P L A
S T B S T A D I O N Q S I N
E S B L O E M I S T E K N K
U R U B D V E B V Y P T I B
M R K P I A S K O O L E E O
B A K K E R Y H O T E L K E
S Z F B R R T G B R Q H A K
I N L J E T M B A L G Y X W
L R H X T E A A K L N Q W I
F Z L L U A R A R E E W A N
R I G Z I T K Z L K L R U K
S A L O N E P G I I Q T Y E
B V V T D R L U G H A W E L
```

LUGHAWE	HOTEL
BANK	DIERETUIN
BIBLIOTEEK	BOEKWINKEL
KLINIEK	MARK
SKOOL	MUSEUM
STADION	BAKKERY
APTEEK	SALON
BLOEMISTE	SUPERMARK
GALERY	TEATER

59 - Matemática

```
R E K E N K U N D E R S M V
V D P B J H B K R K A I E E
P E A B R O I I I S D M E E
A S R V T E X K E P I M T L
R I A G I K U G H O U E K H
A M L L E E E K O N S T U O
L A L L H L R M E E O R N E
L L E B D G Y K K N M I D K
E E L W P C P K A T K E E J
L L O O D R E G I N T Y Y H
L F G Y D R G R Z N T G C I
G D R R E G H O E K G E K N
V U A D E U R S N E E D M B
Q O M T R E K V O L U M E R
```

REKENKUNDE	OMTREK
HOEKE	LOODREG
DESIMALE	VEELHOEK
DEURSNEE	VIERKANTE
VERGELYKING	RADIUS
EKSPONENT	REGHOEK
BREUK	SIMMETRIE
MEETKUNDE	SOM
PARALLEL	DRIEHOEK
PARALLELOGRAM	VOLUME

60 - Natureza

```
S F W T Y U D V W D B V B K
K K T H D L S A Q I L R Z B
O G U E R O S I E N A E B K
O D T I Y J B O S A R E U S
N I F L L D Y T I M E D A C
H E R I V I E R R I Q S R W
E R F G E P N T V E W A K O
I E L D G H V G R S L M T E
D Y W O L K E W U O M E I S
M I W M E A L I S F P I E T
A H G A T E C L T B N I S Y
D T W J S T T D I L W O E N
G Y M O E H Y E G I E E D S
R G V V R D E J E K O R R U
```

BYE	GLETSER
SKUILING	MIS
DIERE	WOLKE
ARKTIESE	VREEDSAME
SKOONHEID	RIVIER
WOESTYN	HEILIGDOM
DINAMIES	WILDE
EROSIE	RUSTIGE
BOS	TROPIES
BLARE	

61 - Preencher

```
V A T B O T T E L G V E P D
A Q W O M V A G A C R X A X
A S W K A Z T S A Q W X K H
R T K S N S V W I Q N E K V
T K E L D I K V A A S V I S
U P O T J X E I K B F T E J
I Q I T I B V V N P F D M Y
G L X G E O P S A K K G M S
S A K I X A S J O F B D E A
E O A D E R F B E X B O R N
S H C S X U J D Z W U O R W
K O E V E R T D E A I I H D
W J D S H C T V K T S N L P
T K T G L G W L A R F E O J
```

EMMER	LAAI
SKINKBORD	POT
VAT	TAS
SAK	VAARTUIG
BOKS	PAKKIE
MANDJIE	GIDS
KOEVERT	BUIS
BOTTEL	VAAS

62 - Animais de Estimação

```
X S K R A A G Y S W I Z A X
E T A L I W B Z K A N D P B
T E T H O K A T I T A X A E
J R J V O U J F L E K A P Z
T T I R K N E K P R K O E I
D M E H E A D R A K E Y G O
V E E A R T S J D P D C A S
J V V A H O N D I N I B A G
M U I S M B R P B E S O I L
Y W S O X Z M V X F A K J Z
Q O C Z B J H A M S T E R R
U Z Y T O A Z M M Y M O K R
S U K D K H Y M F S F F U J
J B P A B Z K J Z T A X Z A
```

WATER	KAT
BOK	HAMSTER
HONDJIE	AKKEDIS
STERT	MUIS
HOND	PAPEGAAI
HAAS	VIS
KRAAG	SKILPAD
KLOUE	KOEI
KATJIE	VEEARTS

63 - Escalada

```
Z U H F Q T S Z G X U Q S T
O B O R I X P X E X I S T F
J I O G S S E W B T T T A Z
C V G B T Y I P H G D E B J
H I T L H X Z E N I A R I D
A D E E A K Y T S D G K L B
N J K S T E W E L S I T I I
D H B T M N G R P E N E T R
S I S A O N N R W U G Q E Y
K C M P S E L E O T S N I N
O J A Q F R A I G T U Y T H
E J L L E C J N B T K Z N E
N A S Q E B I Z Y S W Z S L
E K A A R T D U L T H R K M
```

HOOGTE
ATMOSFEER
STEWELS
STAP
HELM
GROT
UITDAGINGS
KENNER

STABILITEIT
SMAL
FISIES
STERKTE
GIDSE
HANDSKOENE
KAART
TERREIN

64 - Aviões

```
A A P A S S A S I E R X Y W
W F T W E E R I G T I N G A
Y V K M P I M S Q Q M I B T
L L H O O G T E M K O G A E
A I M T M S X K U H O F L R
N E A E Z S F U D B X O L S
D Ë H Z S K I E B E L N O T
I N Y M B K Z N E E U A N O
N I Z M X W Y J C R G V A F
G E Q T P B Z I L K R I O S
T R I B E M A N N I N G L K
A V O N T U U R X W C E I O
A K O N S T R U K S I E J C
B R A N D S T O F K R R B R
```

HOOGTE	RIGTING
LUG	WATERSTOF
LANDING	BLAAS
ATMOSFEER	ENJIN
AVONTUUR	NAVIGEER
BALLON	PASSASIER
BRANDSTOF	VLIEËNIER
KONSTRUKSIE	WEER
AFKOMS	BEMANNING

65 - Tipos de Cabelo

```
K  R  U  L  L  E  R  G  Y  B  L  O  N  D
R  H  W  N  F  B  E  U  P  T  N  G  A  V
U  B  R  U  I  N  J  F  A  L  M  S  G  L
L  L  X  G  G  E  K  L  E  U  R  D  E  E
L  I  A  H  I  E  Y  X  N  K  C  E  V  G
E  N  E  N  Y  H  S  F  W  A  A  B  L  S
R  K  V  F  K  J  I  O  S  A  G  T  E  E
I  D  A  Q  J  X  L  L  N  L  Q  S  G  L
G  O  U  R  Z  P  W  Y  D  D  R  J  R  S
E  N  Z  N  D  M  E  H  D  R  O  Ë  Y  D
D  C  D  A  D  V  R  S  W  A  R  T  S  B
G  W  I  T  G  O  L  W  E  N  D  E  N  Z
X  R  K  W  X  E  G  P  L  O  E  R  E  T
C  Q  N  R  A  E  O  K  M  M  D  W  L  A
```

WIT	LANK
BLINK	BRUIN
KRULLE	GOLWENDE
KAAL	SILWER
GRYS	SWART
GEKLEURDE	GESOND
KRULLERIGE	DROË
DUN	SAGTE
DIK	GEVLEG
BLOND	VLEGSELS

66 - Formas

```
L U A R Y T Q F V P K G S W
T Y L G L Z P P E I U H D B
K W N X H H I P E R B O O L
E P R I S M A C L A U V F T
Ë F J S Q A J X H M S A O S
L N C V Y L E N O I B A C B
S I L I N D E R E D N L K N
F I N Q W R M E K E C L D O
E U R D X A K G W T G K W S
E U Y K A N T H T G N U Y L
R C V O E M V O O W D R A D
O P G Y Y L H E P E O W O N
D R I E H O E K G Y K E V A
V I E R K A N T E L L I P S
```

LNR	KANT
HOEK	LYN
SILINDER	OVAAL
SIRKEL	PIRAMIDE
KEËL	VEELHOEK
KUBUS	PRISMA
KURWE	VIERKANTE
ELLIPS	REGHOEK
SFEER	DRIEHOEK
HIPERBOOL	

67 - Dias e Meses

```
Z H S B S H M V R Y D A G K
U F F O D A Q A M M X W T Z
R T O Y N T T L A Q V E Y L
I X D V H D C E Z N Q E J U
I Z A X V J A A R O D K A V
M A A N D A G G F D Y A N Z
Q W D E S E M B E R A O U K
N O V E M B E R B U U G A A
O K T O B E R B R G G Z R L
B S L A H K F Q U J U N I E
Y Q B P H P T K A P S H E N
P Z Z R P I M K R L T F Q D
V Q N I N P O Z I N U I S E
P J U L I E R K E I S I W R
```

APRIL	JUNIE
AUGUSTUS	MAAND
JAAR	NOVEMBER
KALENDER	OKTOBER
DESEMBER	SATERDAG
SONDAG	MAANDAG
FEBRUARIE	WEEK
JANUARIE	VRYDAG
JULIE	

68 - Geografia

```
H E E L A L Q L P B K S C F
A G E B I E D N R W E S K J
L A Y L D T V A B L J R A B
F A S J M D O H N X A T G C
R K W U Z D W M V P Q R J B
O O H O O G T E J A U U I K
N N S N W R Q R I V I E R A
D T U E L C Q I S L P L F A
L I I N A U Z D T J A U A R
B N D O N A P I R S D N G T
L E G K D R N A E T T O D H
N N A T L A S A E A O O A M
O T T S E E E N K D A R Y U
L A T I T U D E W Z M D H H
```

HOOGTE	BERG
ATLAS	HEELAL
STAD	NOORD
KONTINENT	OSEAAN
HALFROND	WES
EILAND	LAND
LATITUDE	STREEK
KAART	RIVIER
SEE	SUID
MERIDIAAN	GEBIED

69 - Antártica

```
A P I K K E W Y N E G S B O
W A T E R W L B A A I K E M
E T R C O V E S V P T I W G
T E O D J G E Y O S S E A E
E M T K R Q Z J R B O R R W
N P S O G Y I N S S O E I I
S E A N L M K J E J I I N N
K R G T E I I S R X R L G G
A A T I T N O G K A J A Y W
P T I N S E A T R U S N J S
L U G E E R E I L A N D E W
I U E N R A G B F Z S D N D
K R Q T S L W A V R L I E V
J E K S P E D I S I E U E X
```

OMGEWING
WATER
BAAI
WETENSKAPLIK
BEWARING
KONTINENT
COVE
EKSPEDISIE
GLETSERS
YS

AARDRYKSKUNDE
EILANDE
NAVORSER
MIGRASIE
MINERALE
SKIEREILAND
PIKKEWYNE
ROTSAGTIGE
TEMPERATUUR

70 - Flores

```
P I K Q P W H C B R O S E P
A L Y O R M A G N O L I A I
A S O N N E B L O M E G W O
R K X O H U L U L X H K P E
D M A D E L I E F I E T E N
E B L O M B L A R E P C O T
B L F H H G A Z S I Y R R H
L E G J X Q I T E T K J G I
O L Z C A L E N D U L A I B
E I H C N S N T A L A I D I
M E V C V F M B O P W O E S
P A P A W E R Y F Z E P E K
L A V E N T E L N V R S M U
M Y P L U M E R I A C D N S
```

BOEKET	MADELIEFIE
CALENDULA	ORGIDEE
PAARDEBLOEM	PAPAWER
SONNEBLOM	PIOEN
HIBISKUS	BLOMBLARE
JASMYN	PLUMERIA
LAVENTEL	ROSE
LILA	KLAWER
LELIE	TULP
MAGNOLIA	

71 - Fazenda #1

```
B E U Z A Q F O T D V B P H
K U N S M I S D V A R K F E
R Y S H O O I O M E T U I I
A N Q E F T O N W U L D K N
K A T U R Z B K A L F D R I
Q H S N R D P I T V O E A N
C H H I H O A E E H M Z A G
L O A N L G K O R G D C I B
Y A Y G D H O E N D E R M Y
J D N Z U O E A E Q H L T E
T E G D X N I C O O M N V L
T Z U B B D D X H X L G U K
S M Q H O O B O Y S Q H J Q
N A F U K B U T V H X U V D
```

BYE	HEINING
LANDBOU	KRAAI
RYS	HOOI
WATER	KUNSMIS
KALF	HOENDER
DONKIE	KAT
BOK	HEUNING
VELD	VARK
PERD	KUDDE
HOND	KOEI

72 - Livros

```
B  J  U  U  V  R  E  L  E  V  A  N  T  P
U  O  R  O  G  E  D  I  G  Q  U  A  A  O
O  A  E  K  G  E  S  K  R  Y  F  P  Y  Ë
E  U  A  K  D  K  P  T  K  L  V  M  Z  S
P  V  T  H  I  S  T  O  R  I  E  S  E  I
I  E  D  E  J  T  C  A  B  T  R  S  T  E
E  R  U  D  U  O  K  V  L  E  S  T  E  L
S  T  A  Z  J  R  O  O  A  R  A  R  Y  R
E  E  L  O  E  I  N  N  D  Ê  M  A  L  A
G  L  I  A  A  E  T  T  S  R  E  G  Y  A
G  L  T  Z  O  Y  E  U  Y  E  L  I  T  C
O  E  E  F  F  F  K  U  N  B  I  E  C  Q
H  R  I  L  U  A  S  R  F  N  N  S  E  O
Y  P  T  C  M  F  N  K  B  Y  G  A  U  P
```

OUTEUR	LITERÊRE
AVONTUUR	VERTELLER
VERSAMELING	BLADSY
KONTEKS	GEDIG
DUALITEIT	POËSIE
GESKRYF	RELEVANT
EPIESE	BOEK
STORIE	REEKS
HISTORIESE	TRAGIES
LESER	

73 - Chocolate

```
B A N T I O K S I D A N T P
I E A M B A G S M A N C C O
T K S O E T B L C F W P K E
T J G T K W F L G G U S Y I
E S U K A L O R I E Ë R L E
R R N A K N D I J H G A A R
I E S R A D D X H A E H R S
R S T A O N D D U L U E O U
I E E M O S I H E T R E M I
P P L E K L A P P E R R A K
X F I L S M A A K M L L I E
L F N K O Z L F W W Y I Q R
I N G B N U D D Q Y Z K J E
E K S O T I E S E V B E F K
```

SUIKER	SOET
BITTER	EKSOTIESE
ANTIOKSIDANT	GUNSTELING
AROMA	SMAAK
AMBAGSMAN	BESTANDDEEL
KAKAO	POEIER
KALORIEË	GEHALTE
KARAMEL	RESEP
KLAPPER	GEUR
HEERLIKE	

74 - Profissões #2

```
F O T O G R A A F Q J B O G
T A N D A R T S I U O O N E
T A A L K U N D I G E E D N
B I O L O O G S C G R R E E
F P J N P V Q Q K Z N Q R E
Y I M A U P L J C I A Y W S
T C L V M U P I X D L T Y H
U H R O H M S K E G I D S E
I I Z R S V E F X Ë S S E E
N R Y S S O R Z H G N V R R
I U Y E K X O X E V M I A G
E R R R F L E F M O E X E N
R G F C U I T V I N D E R R
B I B L I O T E K A R I S H
```

BOER	NAVORSER
BIBLIOTEKARIS	TUINIER
BIOLOOG	JOERNALIS
CHIRURG	TAALKUNDIGE
TANDARTS	GENEESHEER
FILOSOOF	VLIEËNIER
FOTOGRAAF	SKILDER
UITVINDER	ONDERWYSER

75 - Fazenda #2

```
D O N J B N A P F N V Y V B
H D F U E O F O H E R D E R
C A F O V O O T R E U E N Z
G N D K Y S G R H N G O U L
G Y M E L K K Y D D T L A M
R A R F Y A I P T D E Y R D
O A N D B P C H L A Q L C R
E U K S Y E K B D N M L T I
N M R K E U M O P W D A R W
T I K U K D I E R E Z M E V
E X B U O L Z R C I D A K K
G V Z R R L U E G D N S K C
R Q O J F Q G U Q E Y G E Y
B E S P R O E I I N G A R S
```

BOER
DIERE
SKUUR
GARS
BYEKORF
LAM
VRUGTE
GANSE
BESPROEIING
MELK

LLAMA
RYP
SKAPE
HERDER
EEND
BOORD
WEIDE
TREKKER
KORING
GROENTE

76 - Jardim

```
G P I W E B O B O S L A N G
Q G R L R A S C N T P L H R
C K H Y F A Z V K O Q P F A
L Z T R Q J O B R E T H K A
K H T N A K C P U P M X W F
G A R A G E H E I N I N G C
H A N G M A T Z D O P Y D I
T B O O R D E U F S K X R S
U O A T T R A M P O L I E N
I O H N E B L O M A T D C T
N M A G K R S Z F A Z U A N
Z Q R U L G R A S P E R K M
K C K D I I L A J F R G Q B
G R O N D M L R S G R A S W
```

HARK	TUIN
BOS	DAM
BOOM	HANGMAT
BANK	SLANG
HEINING	GRAAF
ONKRUID	BOORD
BLOM	GROND
GARAGE	TERRAS
GRAS	TRAMPOLIEN
GRASPERK	STOEP

77 - Oceano

```
Y W H O D B Z D L F S T S P
F B A L G E B O O T T U E U
S G A L S A X L L C O N E P
P K I I V H G F T D R A K A
O K I L I I Y Y Q S M W A L
N X W L S P S N S O U T T I
S N C W P O E S T E R L W N
K Q L Z B A G A R N A L E G
G Q N X Z Q D Z F L U E N W
X H U F K O R A A L K R A P
Q K T G E T Y E J H J N I M
J E L L I E V I S U P N O F
G X G H F V G U U F A V H R
S T A B M M V E A V C K E M
```

ALGE	GETYE
TUNA	JELLIEVIS
WALVIS	OESTER
BOOT	VIS
GARNALE	SEEKAT
KRAP	RIF
KORAAL	SOUT
PALING	SKILPAD
SPONS	STORM
DOLFYN	HAAI

78 - Profissões #1

```
M G D C I C P V E E A R T S
A Q J U W E L I E R N O Q S
T G E O L O O G A E N K J S
R M U S I K A N T N Q U A F
O R E D A K T E U R I N G L
O O P R O K U R E U R S T K
S W V E R P L E E G S T E R
A L D U T J B A N K I E R D
L O O D G I E T E R O N J A
J K A R T O G R A A F A Q N
Z B R A N D W E E R M A N S
S I E L K U N D I G E R R E
S T E R R E K U N D I G E R
W E T E N S K A P L I K E W
```

PROKUREUR	LOODGIETER
KUNSTENAAR	VERPLEEGSTER
STERREKUNDIGE	GEOLOOG
BANKIER	JUWELIER
BRANDWEERMAN	MATROOS
JAGTER	MUSIKANT
KARTOGRAAF	PIANIS
WETENSKAPLIKE	SIELKUNDIGE
DANSER	VEEARTS
REDAKTEUR	

79 - Campeonato

```
F W R H X S T R A T E G I E
A I C C T P Y M R O G W A S
U U N V R O P E E E U P F P
L I G A S R V D G R M G R E
M S T R L T I A T N G S I L
W Z U H I I K L E O A Q G E
G U W P O U S J R O L A T T
M Q B Z Z U U E Y I H X E J
A I M O T I V E R I N G R I
S K A M P I O E N S K A P E
A P Y B X F K Y R S N B T S
I K A M P I O E N M D I U L
Y J V N Z Y Q M R H O O R W
P R E S T A S I E Q U Ë Y A
```

KAMPIOEN	REGTER
KAMPIOENSKAP	LIGA
PRESTASIE	MEDALJE
SPAN	MOTIVERING
SPORT	UITHOUVERMOË
STRATEGIE	TOERNOOI
FINALIS	AFRIGTER
SPELETJIES	

80 - Castelos

```
K A T A P U L T S W A A R D
Q R V E Z F P G K A D D Y P
H B O A K C V U I P R I K A
V W Q O O M E C L E A N F L
B B V Z N T S W D N A A I E
K Y I O M P T E N R K S T I
P O C T O R I N G U P T B S
F R N X M I N R P S E I U S
E C I I D N G F V T R E F V
O H C N N S J Q M I D A F I
D O M O S K S E U N E D E L
A R I D D E R A U G E Q L U
L I O M X Y S Y R F S L J M
E J N Z H Z M C K A S O P V
```

WAPENRUSTING	VESTING
KATAPULT	RYK
RIDDER	EDEL
PERD	PALEIS
KROON	MUUR
DINASTIE	PRINSES
DRAAK	PRINS
SKILD	KONINKRYK
SWAARD	TORING
FEODALE	BUFFEL

81 - Escola # 2

```
C R W I S K U N D E L C L V
D E W O O R D E B O E K R O
N F N B I B L I O T E E K O
P S P E L E T J I E S K Ê R
B A K T I W I T E I T E D R
R O P O N D E R W Y S E R A
E M E I P A Q B F P H K R D
K O H K E G U X V Z L A U E
E L I T E R A T U U R L G G
N A K A D E M I E S E E S H
A P O T L O O D E G X N A B
A W E T E N S K A P A D K R
R G R A M M A T I K A E I E
O N D E R W Y S I U Y R T P
```

AKADEMIESE	POTLOOD
AKTIWITEITE	LEES
BIBLIOTEEK	LITERATUUR
KALENDER	BOEKE
WETENSKAP	WISKUNDE
REKENAAR	RUGSAK
WOORDEBOEK	PAPIER
ONDERWYS	ONDERWYSER
GRAMMATIKA	VOORRADE
SPELETJIES	SKÊR

82 - Abelhas

```
F  B  I  N  S  E  K  W  G  M  H  O  T  N
M  P  L  A  N  T  E  H  A  A  E  N  M  A
S  V  S  O  N  R  E  B  A  S  U  V  P  B
K  O  R  F  M  C  S  L  S  B  N  R  Q  E
X  O  O  O  K  M  W  O  T  O  I  A  Y  J
R  R  O  A  O  F  E  E  U  F  N  T  D  A
T  D  K  M  N  R  R  I  I  Z  G  U  A  M
E  E  N  X  I  H  M  S  F  D  Y  I  L  T
W  L  K  K  N  S  U  E  M  F  V  N  B  V
G  I  L  B  G  Q  Y  L  E  V  R  O  P  L
O  G  Q  A  I  G  D  G  E  D  U  E  Z  E
W  E  R  D  N  J  Q  X  L  C  G  S  Z  R
D  I  V  E  R  S  I  T  E  I  T  W  F  K
O  L  C  E  K  O  S  I  S  T  E  E  M  E
```

VLERKE	ROOK
VOORDELIGE	HABITAT
WAS	INSEK
KORF	TUIN
DIVERSITEIT	HEUNING
EKOSISTEEM	PLANTE
SWERM	STUIFMEEL
BLOEISEL	KONINGIN
BLOMME	SON
VRUGTE	

83 - Banheiro

```
V R Z E N X M W B P G S S N
L O T I O N F I L A Z P J Q
T O I L E T W E M Y D I A S
L Q D I K D C A G V D E M J
I C Y E C S G P T X J Ë P M
K M H Y J E T F O E P L O M
R M A T C E K T I J R L E S
B C N F W P A R F U U M Z T
O K D S P O N S A U U F X O
R P D T Z H N K T A H X P O
R W O O M G U Ê U V N X L M
E T E R M P I R O A B W J Z
L B K T T Z G G H N F H I S
S H E Q H G X Q K Q E R E H
```

WATER	PARFUUM
TOILET	SEEP
BAD	MAT
BORRELS	SKÊR
STORT	HANDDOEK
SPIEËL	KRAAN
SPONS	STOOM
LOTION	SJAMPOE

84 - Ciência

```
W  F  O  M  I  N  E  R  A  L  E  S  V  N
A  I  O  R  Z  V  T  R  E  C  M  Q  L  A
A  S  E  S  G  R  O  F  H  F  O  L  Y  T
R  I  V  H  S  A  T  O  O  M  L  K  U  U
N  K  O  M  I  I  N  M  U  F  E  I  T  U
E  A  L  E  T  P  E  I  J  Z  K  C  H  R
M  H  U  T  T  L  O  L  S  L  U  H  G  V
I  D  S  O  T  A  T  T  N  M  L  E  W  Y
N  Y  I  D  E  N  I  Q  E  G  E  M  K  U
G  C  E  E  N  T  S  W  G  S  S  I  B  M
J  R  N  D  B  E  N  C  Z  I  E  E  O  E
D  E  E  L  T  J  I  E  S  L  R  S  N  I
S  W  A  A  R  T  E  K  R  A  G  E  E  U
K  L  I  M  A  A  T  D  A  T  A  D  E  K
```

ATOOM	METODE
KLIMAAT	MINERALE
DATA	MOLEKULES
EVOLUSIE	NATUUR
FEIT	WAARNEMING
FISIKA	ORGANISME
FOSSIEL	DEELTJIES
SWAARTEKRAG	PLANTE
HIPOTESE	CHEMIESE

85 - Cores

```
B B L Y I U F N Y F G B B L
L K M Y O J U F L T E R F P
O R A N J E C D U N E U Y X
U L G N O F H S U P L I U S
V L E A S P S S B W N N M W
G T N D P V I O L E T M J A
R Q T X N Z A V M X I F P R
O J A E O Q G R I N X G E T
E O I V I N U C R E L S Z U
N R Y F Q K U Y N O P E R S
G S W W U P X P C Q O P X A
S I A A N H W B N B E I G E
W Y C C T L T I Q M R A Z C
Z K J P I E N K T M S J G Z
```

GEEL	BRUIN
BLOU	SWART
BEIGE	PIENK
WIT	PERS
SIAAN	SEPIA
GRYS	GROEN
FUCHSIA	ROOI
ORANJE	VIOLET
MAGENTA	

86 - Comida #1

```
S R A A P K A N E E L S V S
U O S E X T O U G N M A U P
I O P J L U T M E L K P S I
K N O F F E L G K Z Z A L N
E O A A R B E I W O A D A A
R I E G A R S H O S M Y A S
L L J K H U I U R S V M I I
U A T U X Z E L T H D Q E E
E W A E P G I K E C L H I R
T U N A S U U R L E M O E N
A P P E L K O O S O I S S K
Q K G V U I K I T A K D O R
B A S I L I E K R U I D U K
A Y F O Q L G D L N T T T A
```

SUIKER   MELK
KNOFFEL   SUURLEMOEN
TUNA   BASILIEKRUID
KOEK   AARBEI
KANEEL   RAAP
UI   KOMKOMMER
WORTEL   SOUT
GARS   SLAAI
APPELKOOS   SOP
SPINASIE   SAP

87 - Pássaros

```
M V E C D S V S L M Z Q U V
R E I E R U D L I G L Q W O
A M M T O O I E V A A R Q L
F R J X B K P F B N D H A S
L R E W P V W I H S S B R T
A J H N K A J N K R A A I R
M P O U D P E L I K A A N U
I T E M O S S I E M E E U I
N M N T O E K A N V I W H S
G F D Z Q A D E S W E H Y Q
O P E I D Y K M W E R M U N
O H R Q D O T W A E C J E K
P A P E G A A I A N M E F D
K O E K O E K V N D H L N T
```

VOLSTRUIS	REIER
AREND	EIER
OOIEVAAR	PAPEGAAI
SWAAN	MOSSIE
KRAAI	EEND
KOEKOEK	POU
FLAMINGO	PELIKAAN
HOENDER	PIKKEWYN
MEEU	DUIF
GANS	TOEKAN

88 - Virtudes #1

```
O  P  Q  U  Z  W  U  M  S  P  A  N  I  U
B  N  A  M  Y  Y  W  Z  K  A  R  G  Q  L
E  U  A  S  V  S  G  K  O  S  T  S  P  P
S  U  S  F  S  E  G  R  O  I  I  B  R  G
L  S  Z  N  H  I  J  K  N  Ë  S  E  A  H
I  K  B  U  A  A  E  I  P  N  T  S  K  W
S  I  D  T  G  A  N  V  V  T  I  K  T  S
S  E  J  T  C  O  K  K  O  L  E  E  I  J
E  R  W  I  I  A  S  S  L  L  K  I  E  A
N  I  S  G  R  X  G  O  E  I  E  E  S  R
D  G  R  U  I  M  T  T  V  U  K  T  E  M
I  N  T  E  L  L  I  G  E  N  T  E  B  A
D  O  E  L  T  R  E  F  F  E  N  D  T  N
V  U  E  G  T  A  A  E  K  D  G  X  L  T
```

PASSIEVOL	ONAFHANKLIK
ARTISTIEKE	INTELLIGENTE
GOEIE	SKOON
NUUSKIERIG	BESKEIE
BESLISSEND	PASIËNT
DOELTREFFEND	PRAKTIESE
SJARMANT	WYSE
SNAAKS	NUTTIG
RUIM	

89 - Literatura

```
X F S A T R A G E D I E Z A
D I A L O O G N X C F Z N N
S T Y L A N A L I S E A G A
F E V E R G E L Y K I N G L
X T B Z P O Ë T I E S E E O
O U T E U R Q K L L X K D G
J G P U S F H T J J D D I I
B O E K T K R M T H I O G E
C P K Z E D R I T M E T H F
H I T T M D I Y K A C E M I
N N E Y A R Y M W F Z W X K
B I O G R A F I E I O R L S
V E R T E L L E R L N O W I
M E T A F O O R H Z E G L E
```

ANALOGIE	METAFOOR
ANALISE	VERTELLER
ANEKDOTE	OPINIE
OUTEUR	GEDIG
BIOGRAFIE	POËTIESE
VERGELYKING	RYM
BESKRYWING	RITME
DIALOOG	BOEK
STYL	TEMA
FIKSIE	TRAGEDIE

90 - Clima

```
T E M P E R A T U U R D I V
R E Ë N M V T O R N A D O P
X K A H J G P Y N G D N T H
D M N Z H R I E X W G T Y H
L O R K A A N K X E F A W L
T B N D I G R C K O F W K S
R R Y D R B X K L I M A A T
E B O A E D R O O G T E L O
Ë L Y P M R W W X N K Z M R
N I S O I Q W I N D L S M M
B K F L S E E E U O D U R L
O S H Ê X Y S V E Z F F G Z
O E M R D R O O G R W O L K
G M I E A T M O S F E E R E
```

REËNBOOG	POLÊRE
ATMOSFEER	BLIKSEM
KALM	DROOGTE
LUG	DROOG
KLIMAAT	TEMPERATUUR
ORKAAN	STORM
YS	TORNADO
REËN	TROPIES
MIS	DONDERWEER
WOLK	WIND

91 - Tecnologia

```
D  S  K  A  M  E  R  A  G  J  S  N  S  C
A  B  K  F  V  R  E  K  E  N  A  A  R  Z
T  P  U  E  F  O  N  T  I  A  G  V  M  D
A  W  A  V  R  Y  E  L  S  V  T  O  K  I
L  Ê  E  R  H  M  D  R  S  I  E  R  D  G
B  O  O  D  S  K  A  P  P  R  W  S  P  I
S  E  K  U  R  I  T  E  I  T  A  I  Y  T
V  W  H  W  O  Y  P  W  U  U  R  N  K  A
I  X  Y  N  C  B  L  O  G  E  E  G  T  L
R  H  A  S  F  F  M  R  Z  L  F  S  L  E
U  C  Y  L  E  X  Y  G  R  E  P  E  E  W
S  I  N  T  E  R  N  E  T  E  W  H  S  P
S  T  A  T  I  S  T  I  E  K  E  V  E  E
W  X  S  H  M  X  Z  H  D  F  Y  B  R  H
```

LÊER	INTERNET
BLOG	BOODSKAP
GREPE	LESER
KAMERA	NAVORSING
REKENAAR	SEKURITEIT
WYSER	SAGTEWARE
DATA	SKERM
DIGITALE	VIRTUELE
STATISTIEKE	VIRUS
FONT	

92 - Arte

```
O  S  S  P  G  U  U  S  G  B  B  U  I  S
N  U  A  E  E  I  I  K  U  E  S  V  X  I
D  R  M  R  Ï  T  T  I  H  E  K  I  F  M
E  R  E  S  N  B  D  L  V  L  E  S  E  B
R  E  S  O  S  E  R  D  K  D  P  U  E  O
W  A  T  O  P  E  U  E  O  H  H  E  N  O
E  L  E  N  I  L  K  R  M  O  R  L  V  L
R  I  L  L  R  D  K  Y  P  U  Y  E  O  E
P  S  L  I  E  I  I  E  L  W  P  H  U  E
U  M  I  K  E  N  N  M  E  E  O  D  D  R
V  E  N  E  R  G  G  Q  K  R  Ë  S  I  L
F  I  G  U  U  R  Y  O  S  K  S  H  G  I
O  O  R  S  P  R  O  N  K  L  I  K  E  K
K  E  R  A  M  I  E  K  R  M  E  K  O  C
```

KERAMIEK	OORSPRONKLIKE
KOMPLEKS	PERSOONLIKE
SAMESTELLING	SKILDERYE
SKEP	POËSIE
BEELDHOUWERK	UITBEELDING
UITDRUKKING	EENVOUDIGE
FIGUUR	SIMBOOL
EERLIK	ONDERWERP
BUI	SURREALISME
GEÏNSPIREER	VISUELE

93 - Dinossauros

```
O L A Y N K W Y A G Y C R V
M A P R O O I B M R E U S E
O C A V E B Z G B O S E R R
H J O R Q P I K O O P G P D
E P M V D K T H S T E R T W
R K N L T E A I R T S O Q Y
B R I E A V L R E E I O K N
I A V R X O F O N L E T Q I
V G O K P L Z R U I S V F N
O T O E W U P J D S V Y E G
O I R F O S S I E L E O E V
R G D Z I I U R R C S U O U
G E D M T E N O R M E E F R
P R E H I S T O R I E S E A
```

VLERKE	REUSE
KARNIVOOR	OMNIVOOR
STERT	KRAGTIGE
VERDWYNING	PROOI
ENORME	PREHISTORIESE
SPESIES	REPTIEL
EVOLUSIE	GROOTTE
FOSSIELE	AARDE
GROOT	BOSE
HERBIVOOR	

94 - Esportes

```
B A S K E T B A L E Q J O Z
J F P S N B B B D U T Z C N
F K E T T G I M N A S I U M
H K L J E A H F I E T S P A
O V E K N S D O D M U E A Z
J P R V N P L I L R M S G A
C C D N I E R V O F H T I T
L U A F S L I P H N B E T L
B H W E N N E R O Z S K S E
D O B D U H F S Y J F E O E
F K F J S B E W E G I N G T
N K A B P B H T T G Z W S A
G I M N A S T I E K I C I I
B E G H N L A F R I G T E R
```

ATLEET	GIMNASTIEK
BASKETBAL	GHOLF
BOFBAL	HOKKIE
FIETS	SPELER
SPAN	SPEL
STADION	BEWEGING
WENNER	TENNIS
GIMNASIUM	AFRIGTER

95 - Comida # 2

```
S  Q  F  P  T  X  P  G  K  A  A  S  A  H
A  A  G  Z  A  K  X  L  I  Z  W  N  M  T
P  K  M  Q  E  W  D  Y  W  A  U  H  A  Z
P  U  S  P  S  U  X  F  I  E  T  L  N  J
E  T  W  D  I  S  J  O  K  O  L  A  D  E
L  V  G  R  H  O  E  N  D  E  R  B  E  N
R  Y  S  U  A  G  E  Y  Z  A  R  A  L  M
Y  B  V  I  M  E  E  N  D  R  O  S  H  S
K  K  P  W  Q  G  V  U  K  T  V  J  I  H
T  O  I  E  H  C  L  I  O  I  E  O  A  E
B  R  O  C  C  O  L  I  S  S  I  G  Q  N
U  I  P  I  E  S  A  N  G  J  E  U  D  K
M  N  T  A  M  A  T  I  E  O  R  R  M  U
H  G  O  C  O  X  D  O  H  K  D  T  O  T
```

ARTISJOK	KIWI
AMANDEL	APPEL
RYS	EIER
PIESANG	VIS
BROCCOLI	HAM
KERSIE	KAAS
SJOKOLADE	TAMATIE
SAMPIOEN	KORING
HOENDER	DRUIWE
JOGURT	

96 - Barcos

```
B E M A N N I N G F Q V S K
Z E M B P R F N M H H L N A
B J G M G T S E E U E O U J
O S E A A N O K A N O T W A
E H T T N Q P U Y K T F O K
I S Y R R K S E I L J A G J
A X H O W F E R R Y X R R V
W M M O T F R R M E E R A P
L M L S C E R M B G O L W E
I D Z W E W I W A Q G F S N
D O K O M D V A M S U E H J
B V N A U T I S C H E X T I
F S D A Y E E V C D N R Y N
Q W Y I I H R P B D J K T L
```

ANKER   SEE
FERRY   GETY
BOEI   MATROOS
KAJAK   MAS
KANO   ENJIN
TOU   NAUTISCHE
DOK   OSEAAN
SEILJAG   GOLWE
VLOT   RIVIER
MEER   BEMANNING

97 - Outono

```
M B R M F F O K K L E R E B
P A O O I P P X I V Q H E Y
G K A O H G E J M I U G G P
Q A J N R Y R N X S I M P R
F S L C D D T A B M N L T K
E T L R M E B T S K O Q F W
E A P P E L S U Z I X U K E
S I Y Z S O X U W P E M L E
S I W K V Y B R A N D E I R
F N K J Y Q V I T R Y T M L
J G F P A K K E R Y P C A E
Z S F Y M U M F L J U Y A D
O N A V F S E K P Z P C T G
S E I S O E N A L E D E H W
```

AKKER	MAANDE
KASTAIINGS	MIGRASIE
KLIMAAT	NATUUR
EQUINOX	BOORD
FEES	KLERE
RYP	SEISOENALE
BRANDE	WEER
APPELS	

98 - Piratas

```
B E M A N N I N G U P N P A
S Q L G H F D S N L H V U V
M R S Q P L I T T E K E N O
V S G Z Q V X M S G A T U N
G K A P T E I N W E A K Q T
P A P E G A A I A N R P W U
O T Z M I G X I A D T S X U
S G U Q F L O Q R E K T S R
E E Y R H D A U D G O R L V
A V P G R O T N D I M A E Z
A A R U M I J W D O P N G N
N A N K E R N X X R A D T D
B R P N L T E V N R S W E V
M U N T E M H B J W G W V U
```

AVONTUUR	SLEGTE
ANKER	MUNTE
KOMPAS	OSEAAN
KAPTEIN	GOUD
GROT	PAPEGAAI
LITTEKEN	GEVAAR
SWAARD	STRAND
EILAND	RUM
LEGENDE	SKAT
KAART	BEMANNING

99 - Mamíferos

```
P S S K P B V R H D S Y T Y
V P Y K A B O Q W O L F U K
S E D A A M O Y P L U D F Y
Q Q C F J P E S S F K U H Z
W A L V I S E E J Y A H O C
J A K K A L S B L N M J N Y
N B G W X H Y R N P E R D S
C E Z O L I F A N T E K A T
O W F E R U L F D G L Q M J
Y E Q U A I W C J D P I E K
O R H A A S L E E U E X K U
T J G A U L G L C Q R C A H
E Y T P B E M Y A A D I K H
K A N G A R O E B U L B X Z
```

WALVIS	KAMEELPERD
KAMEEL	DOLFYN
KANGAROE	GORILLA
BEWER	LEEU
PERD	WOLF
HOND	AAP
HAAS	SKAPE
COYOTE	JAKKALS
OLIFANT	BUL
KAT	SEBRA

100 - Atividades e Lazer

```
D G H O L F L E A B S S J S
B U K G J H A V P O G K N T
A N I P I O Q O I F M I J O
S O K K E R N D S B T L W K
K K V D H O J T F A M D A P
E X L V I B O K S L X E D E
T T U I N M A A K P N R R R
B R G S T A P M U T A Y E D
A S B V A M X P N E V N I J
L T A A D B L E S N I M S I
V G L N Q D F E W N G D H E
Z O V G N S Z R E I E I P S
J N U K G S M H M S E B G M
T A B H K N L Y Q Y R F W Z
```

KAMPEER	DUIK
KUNS	SWEM
BASKETBAL	VISVANG
BOFBAL	SKILDERY
BOKS	ONTSPAN
STAP	NAVIGEER
SOKKER	TENNIS
GHOLF	REIS
STOKPERDJIES	VLUGBAL
TUINMAAK	

1 - Dirigindo

2 - Atividades

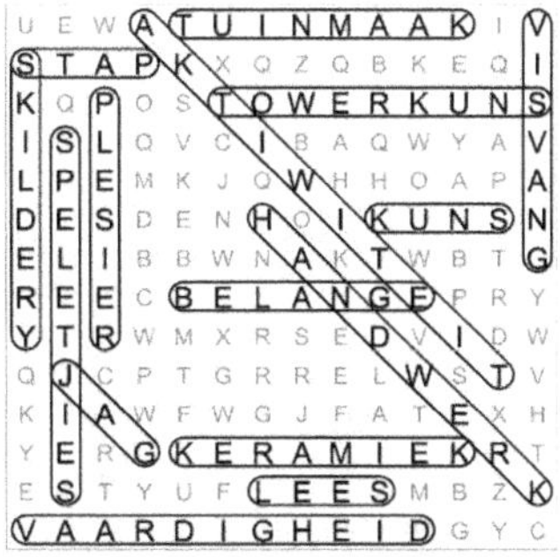

3 - Churrascos

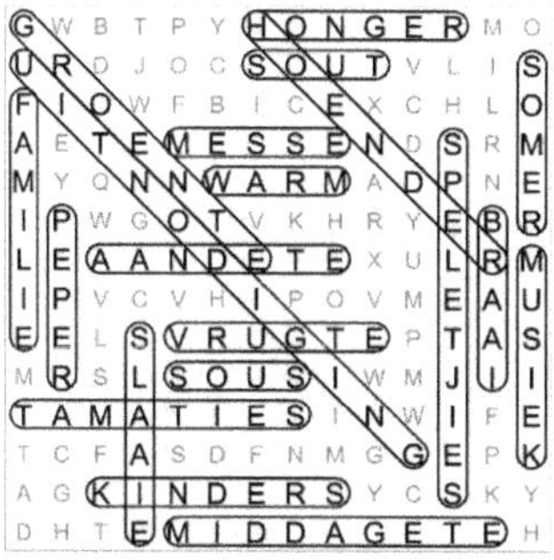

4 - Pesca

5 - Geologia

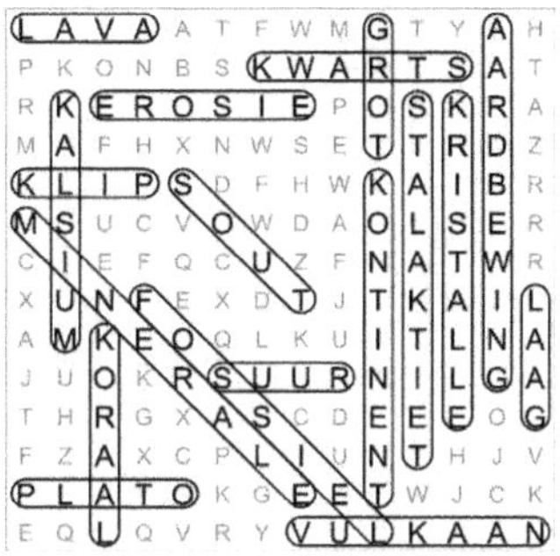

6 - Tempo

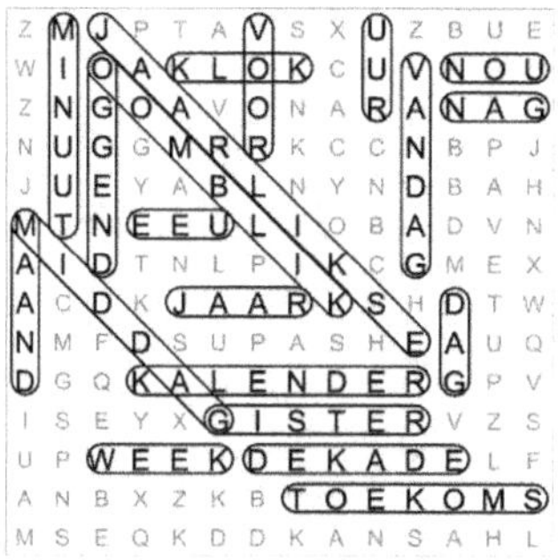

7 - Astronomia

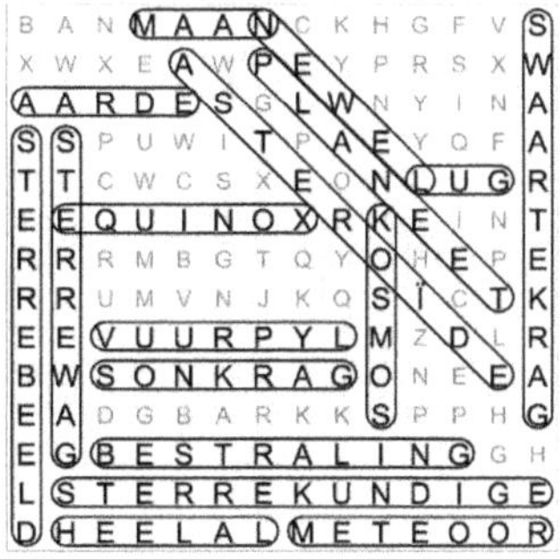

8 - Circo

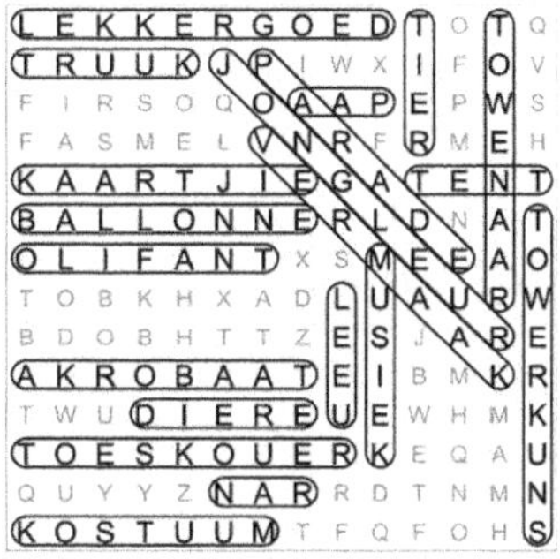

9 - Acampamento

10 - Emoções

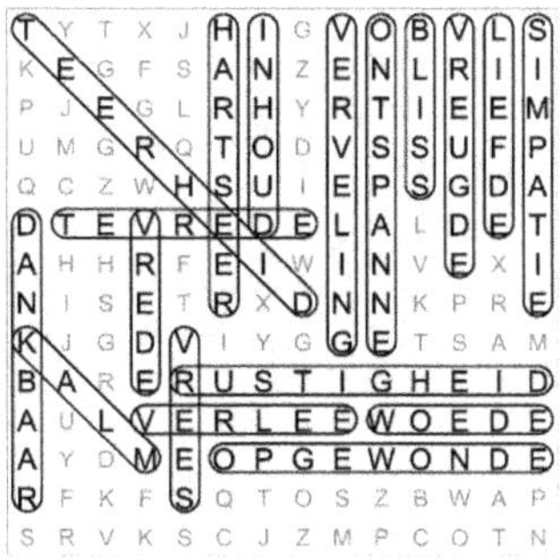

11 - Ficção Científica

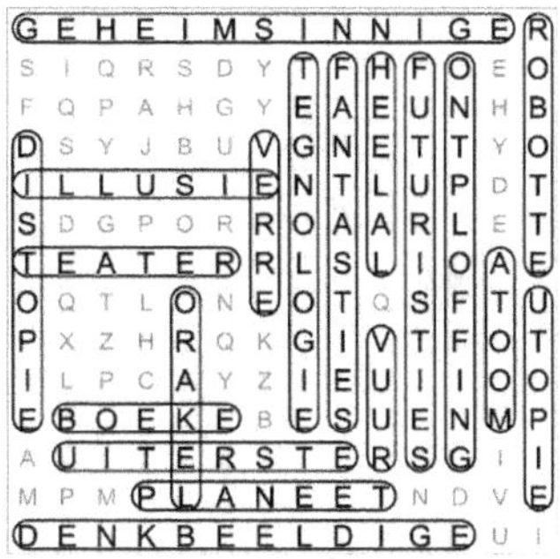

12 - Mitologia

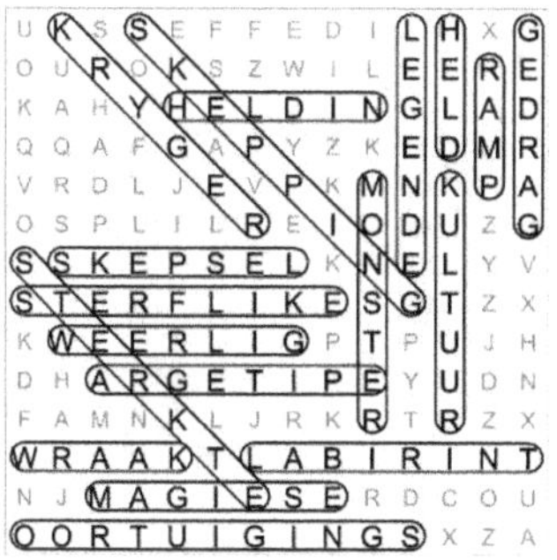

13 - Medições

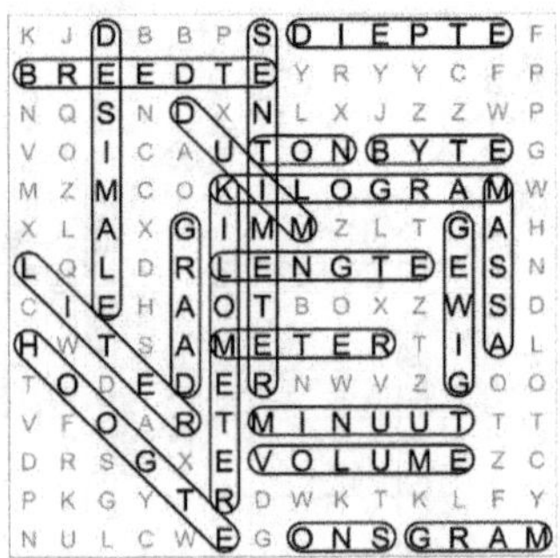

14 - Plantas

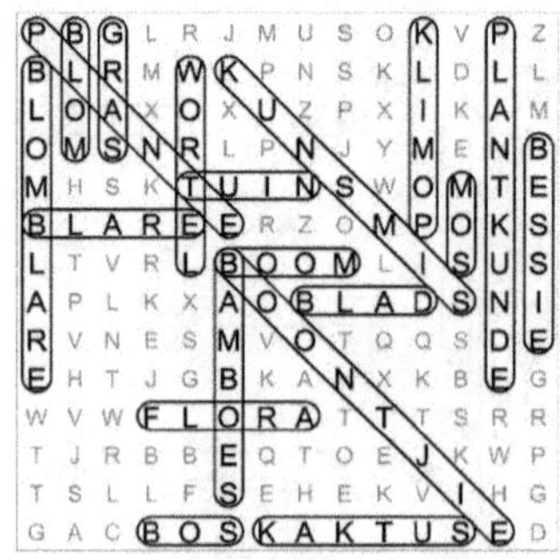

15 - Veículos

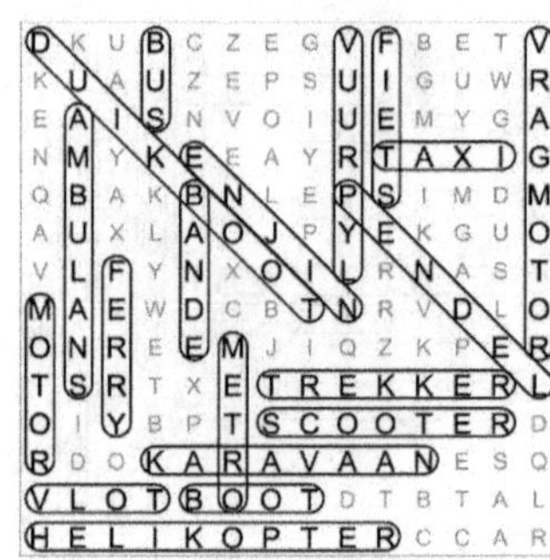

16 - Restaurante # 2

17 - Países #2

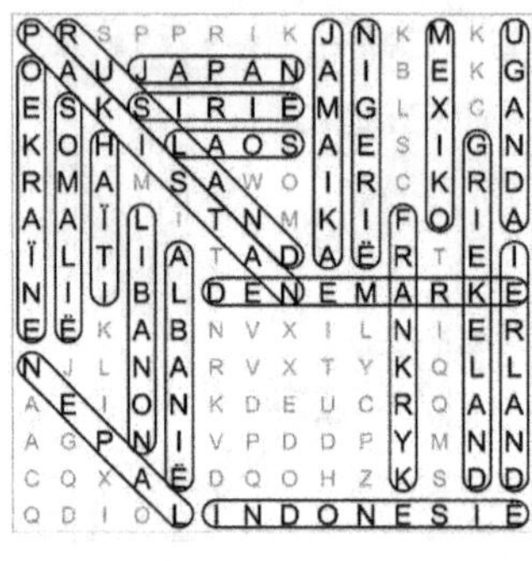

18 - Cozinha

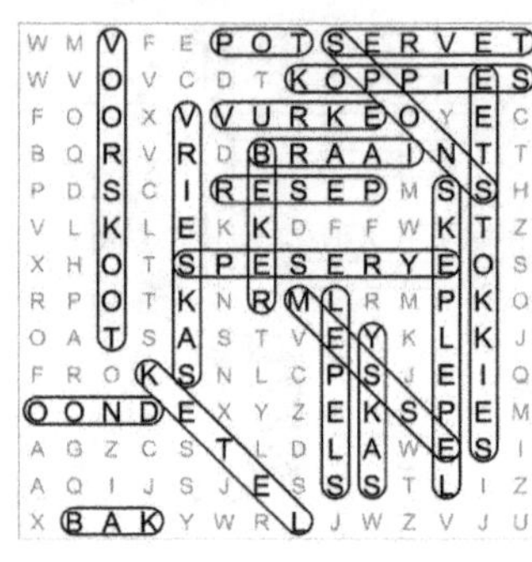

19 - Brinquedos

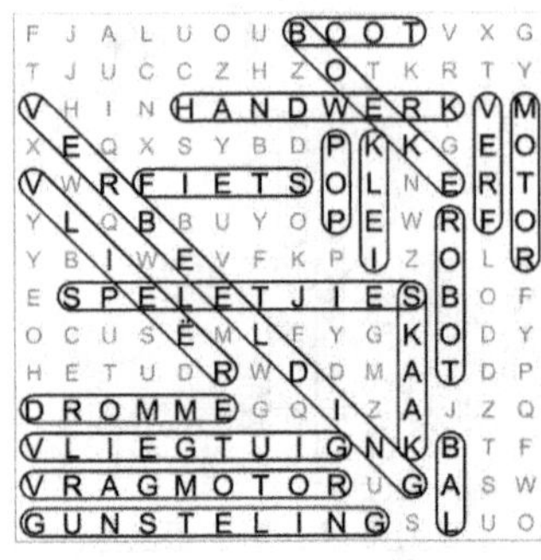

20 - Verão

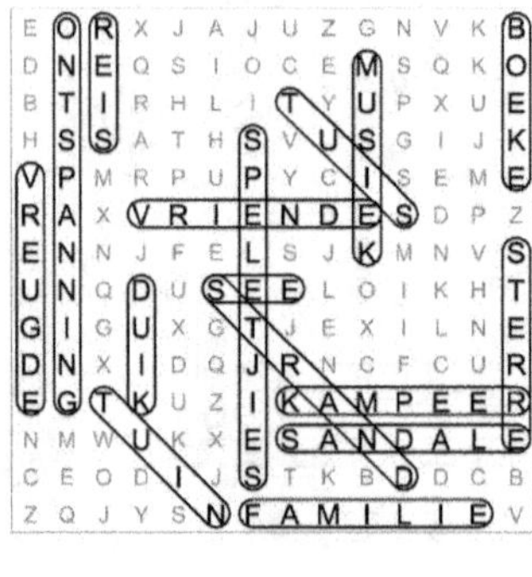

21 - Material de Arte

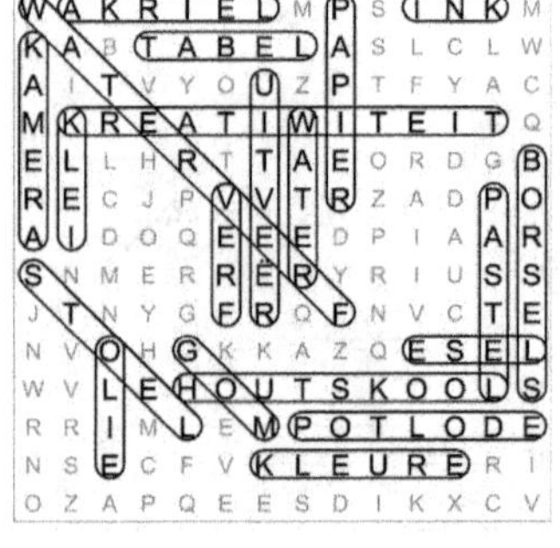

22 - Números

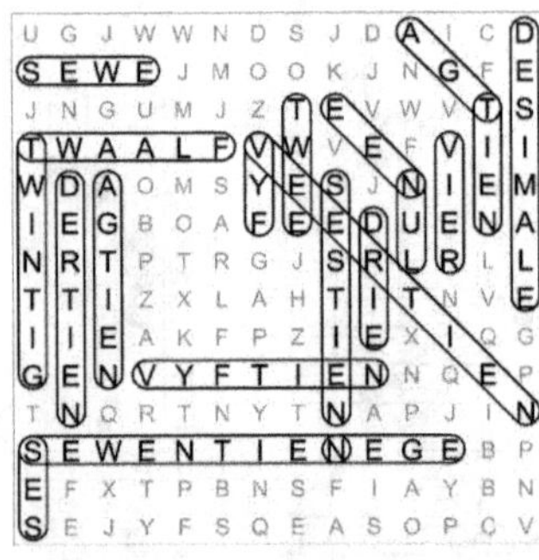

23 - Especiarias

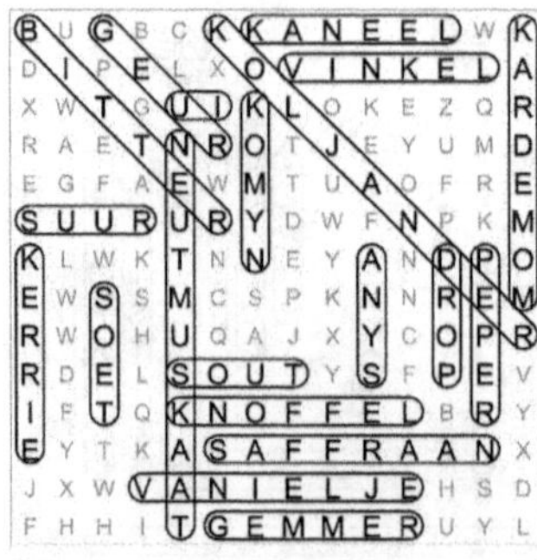

24 - Aniversário

25 - Casa

26 - Vegetais

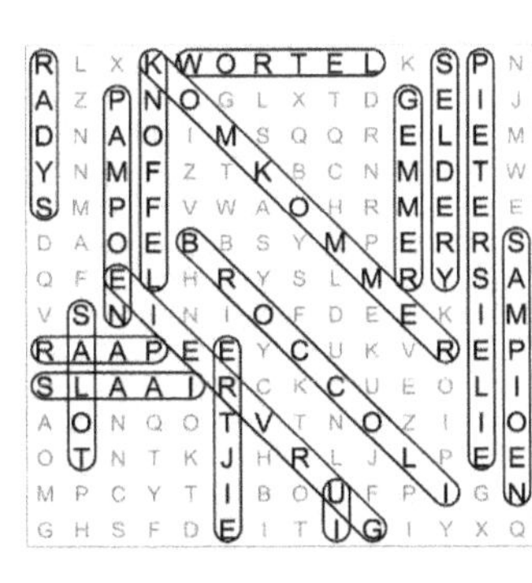

27 - Exploração

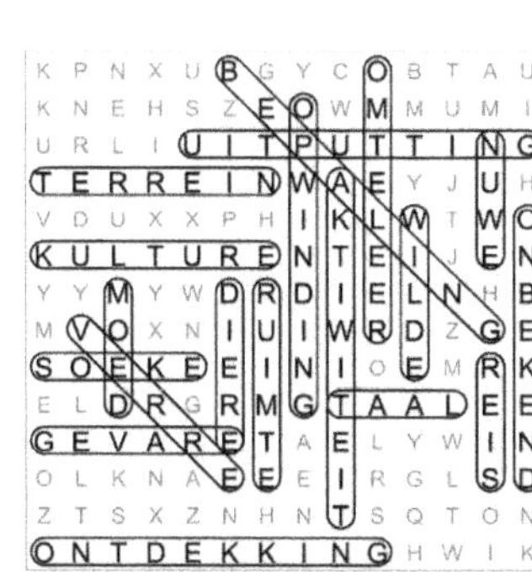

28 - Balé

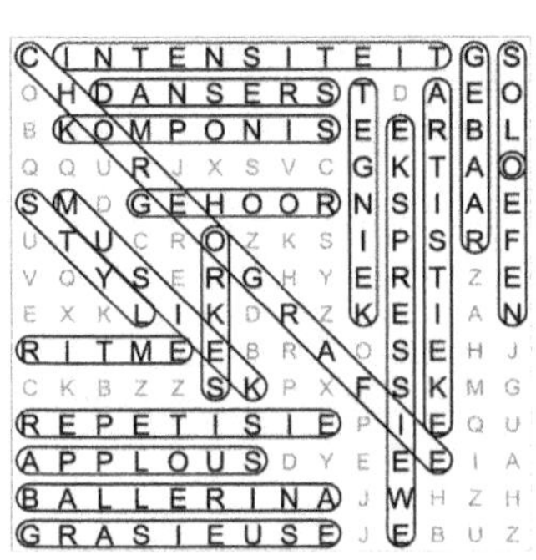

29 - Conservação

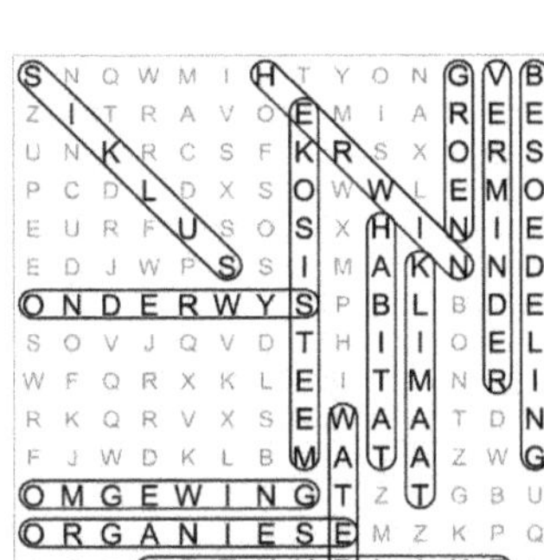

30 - Adjetivos #1

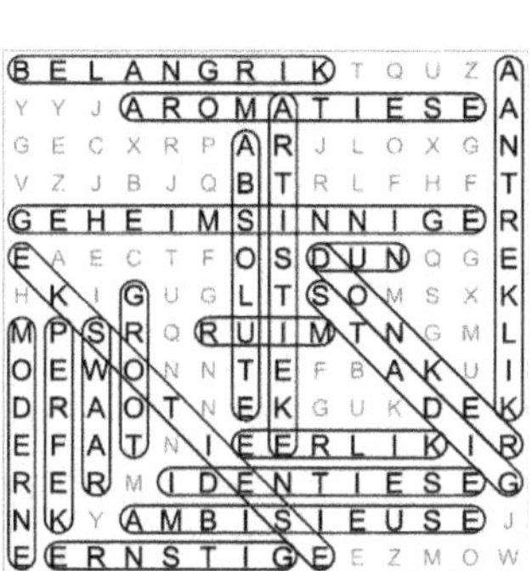

31 - Insetos

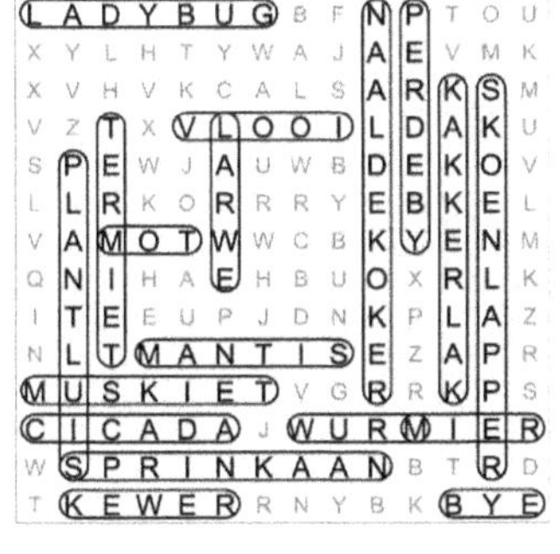

32 - Paisagens

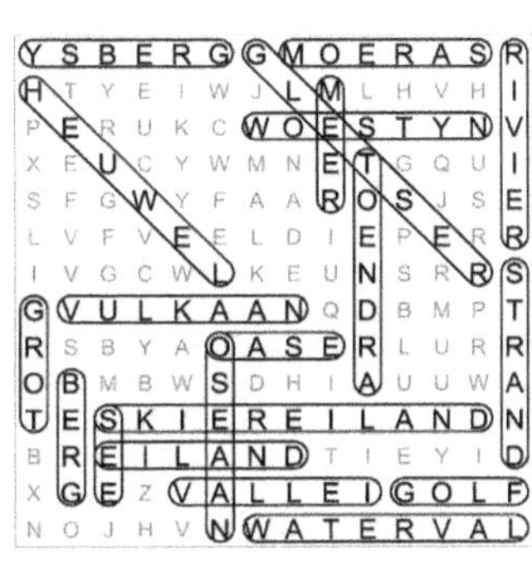

33 - Dança

34 - Nutrição

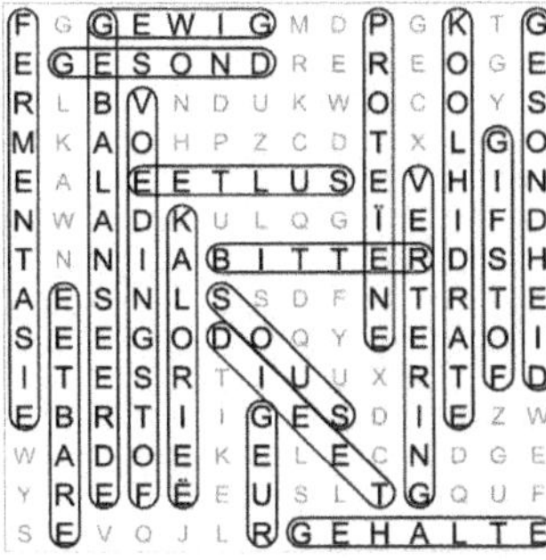

35 - Disciplinas Científicas

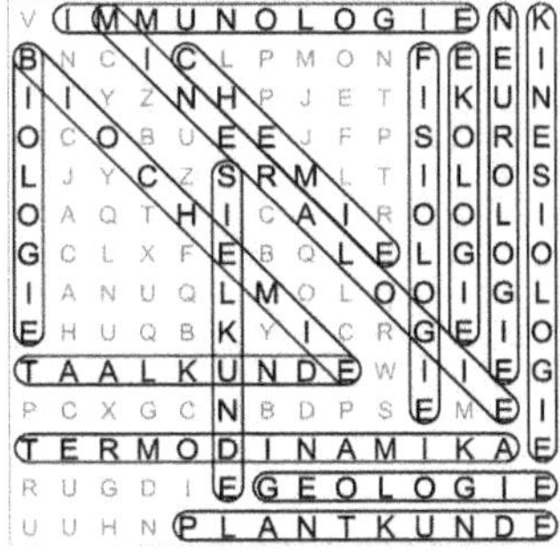

36 - Meditação

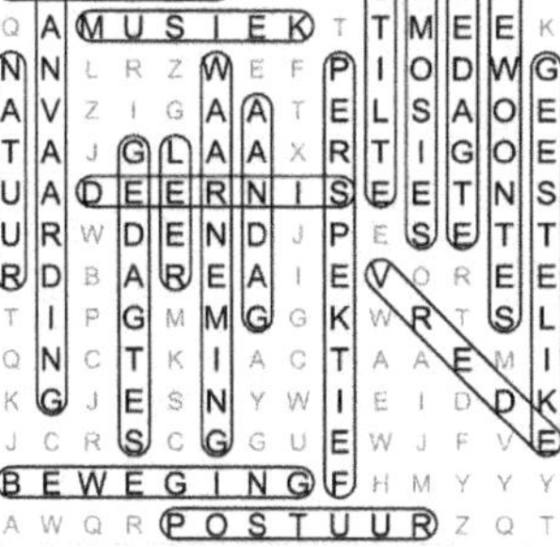

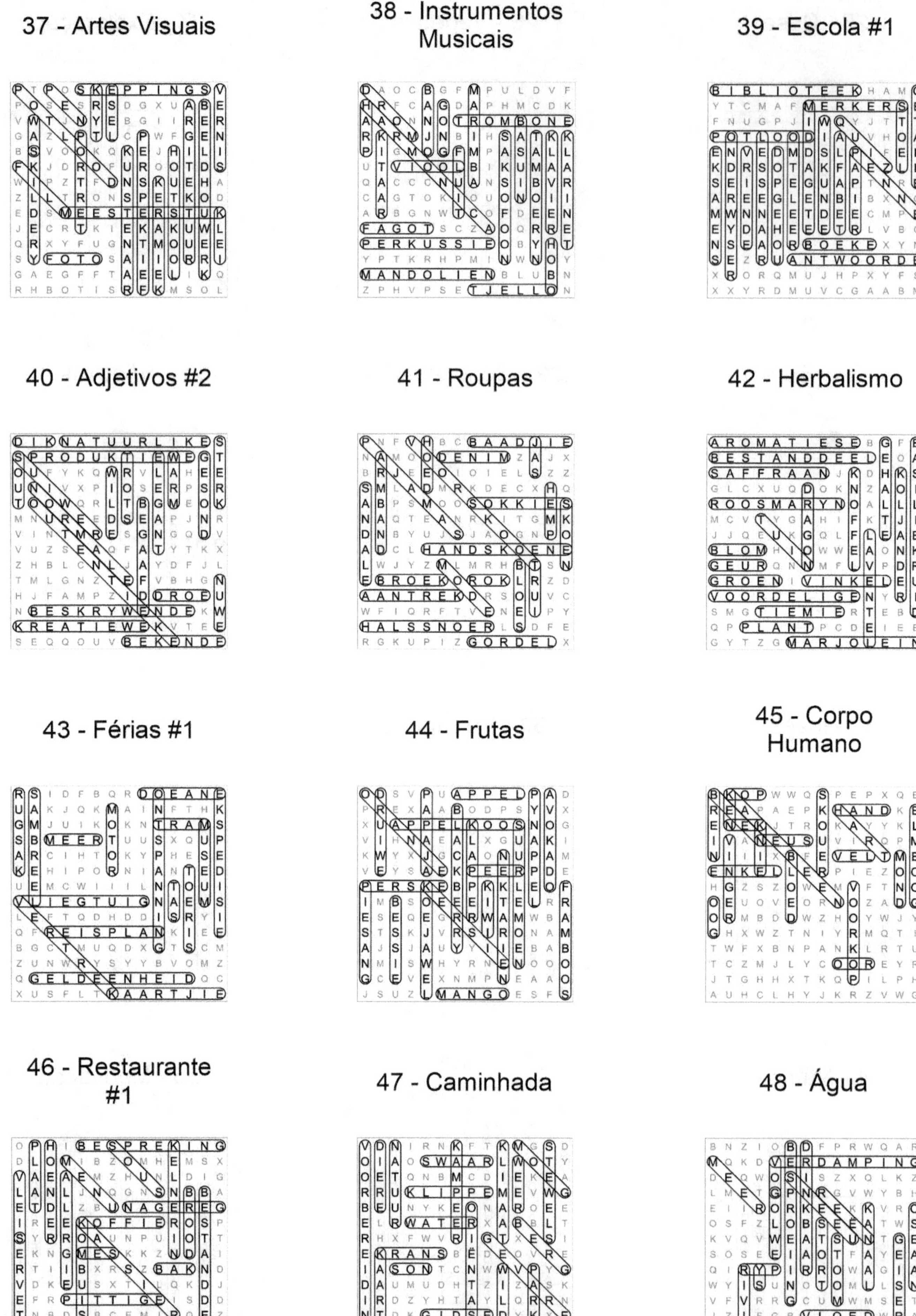

37 - Artes Visuais
38 - Instrumentos Musicais
39 - Escola #1
40 - Adjetivos #2
41 - Roupas
42 - Herbalismo
43 - Férias #1
44 - Frutas
45 - Corpo Humano
46 - Restaurante #1
47 - Caminhada
48 - Água

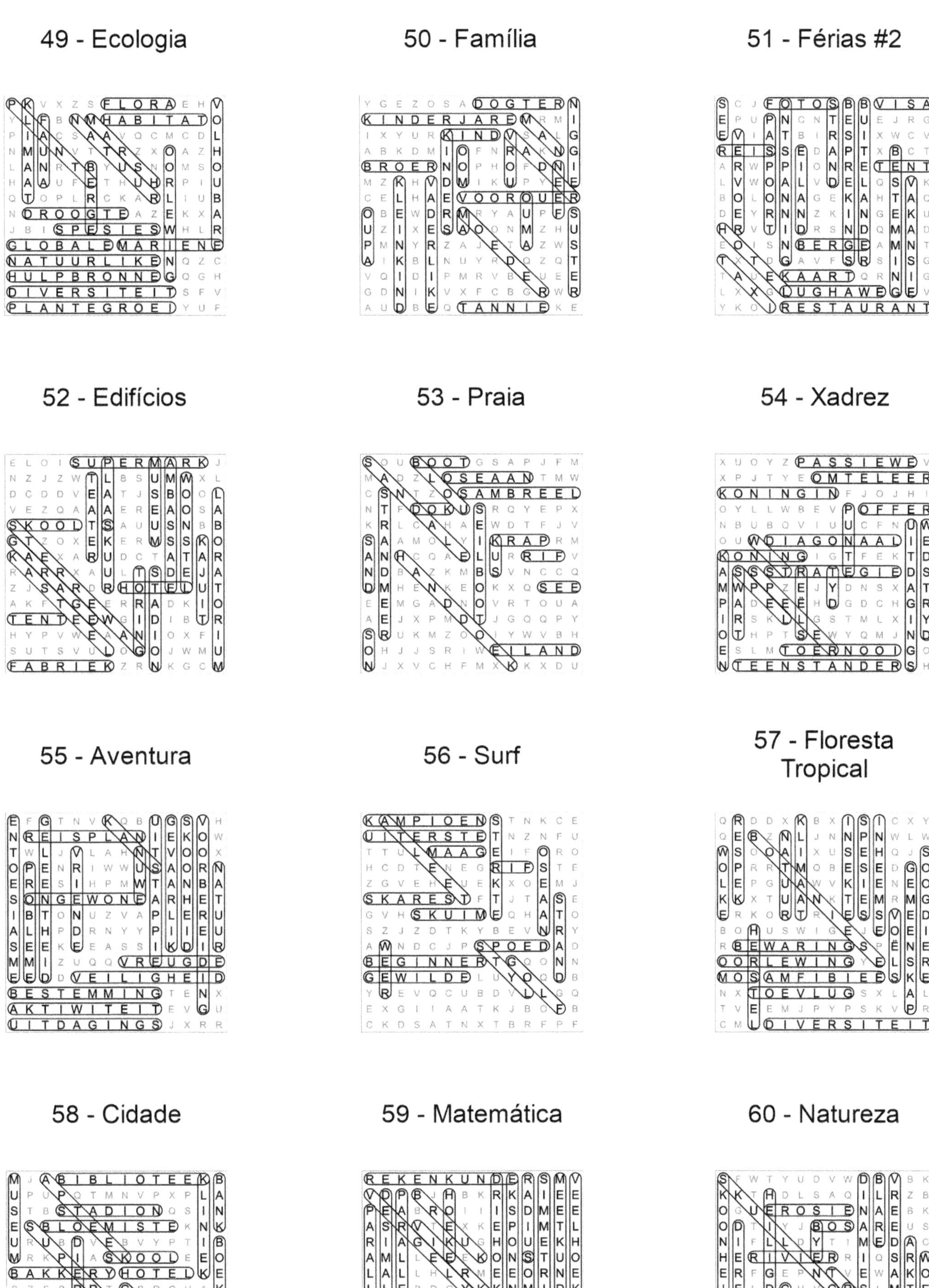

49 - Ecologia
50 - Família
51 - Férias #2
52 - Edifícios
53 - Praia
54 - Xadrez
55 - Aventura
56 - Surf
57 - Floresta Tropical
58 - Cidade
59 - Matemática
60 - Natureza

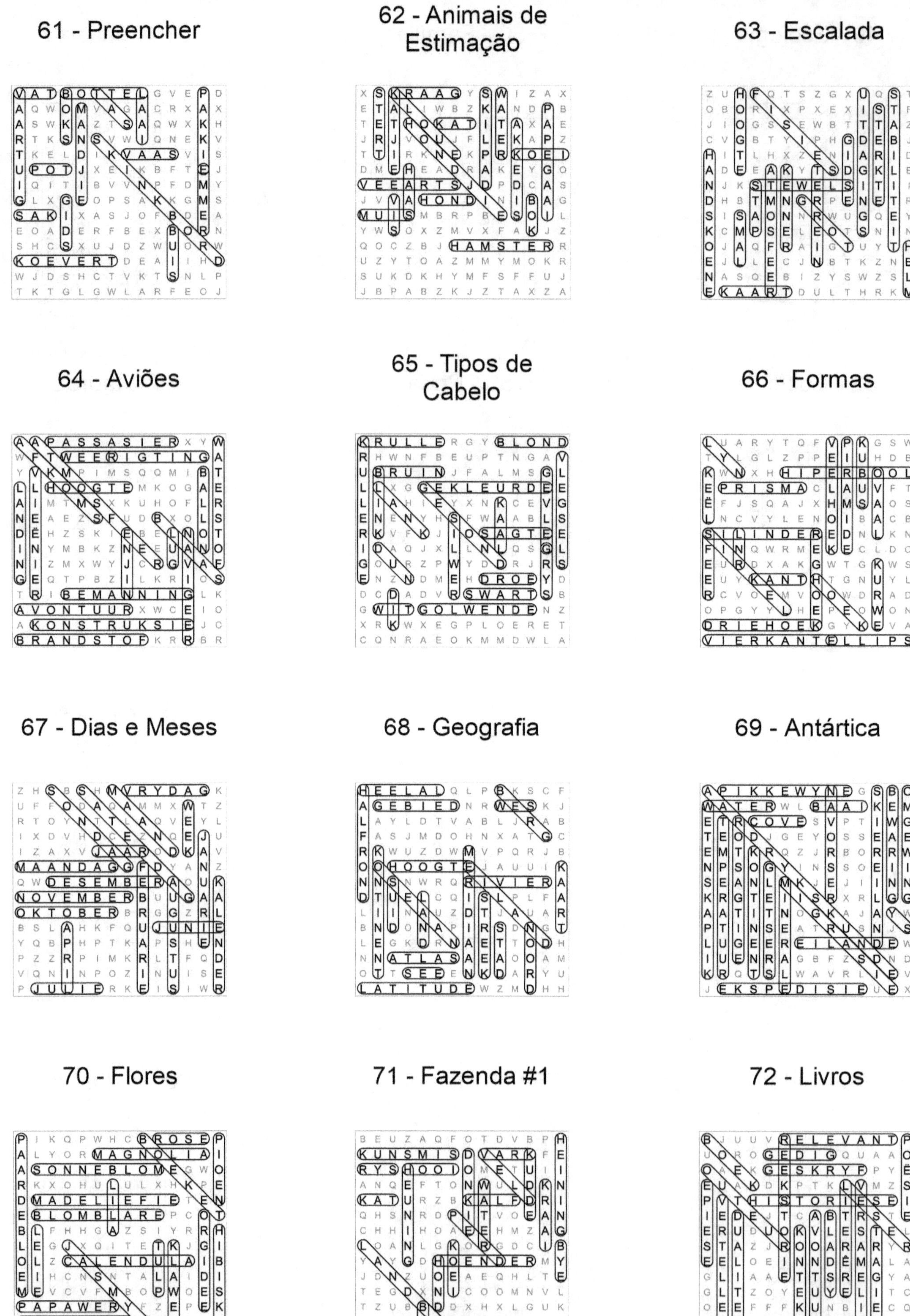

61 - Preencher
62 - Animais de Estimação
63 - Escalada
64 - Aviões
65 - Tipos de Cabelo
66 - Formas
67 - Dias e Meses
68 - Geografia
69 - Antártica
70 - Flores
71 - Fazenda #1
72 - Livros

73 - Chocolate

74 - Profissões #2

75 - Fazenda #2

76 - Jardim

77 - Oceano

78 - Profissões #1

79 - Campeonato

80 - Castelos

81 - Escola # 2

82 - Abelhas

83 - Banheiro

84 - Ciência

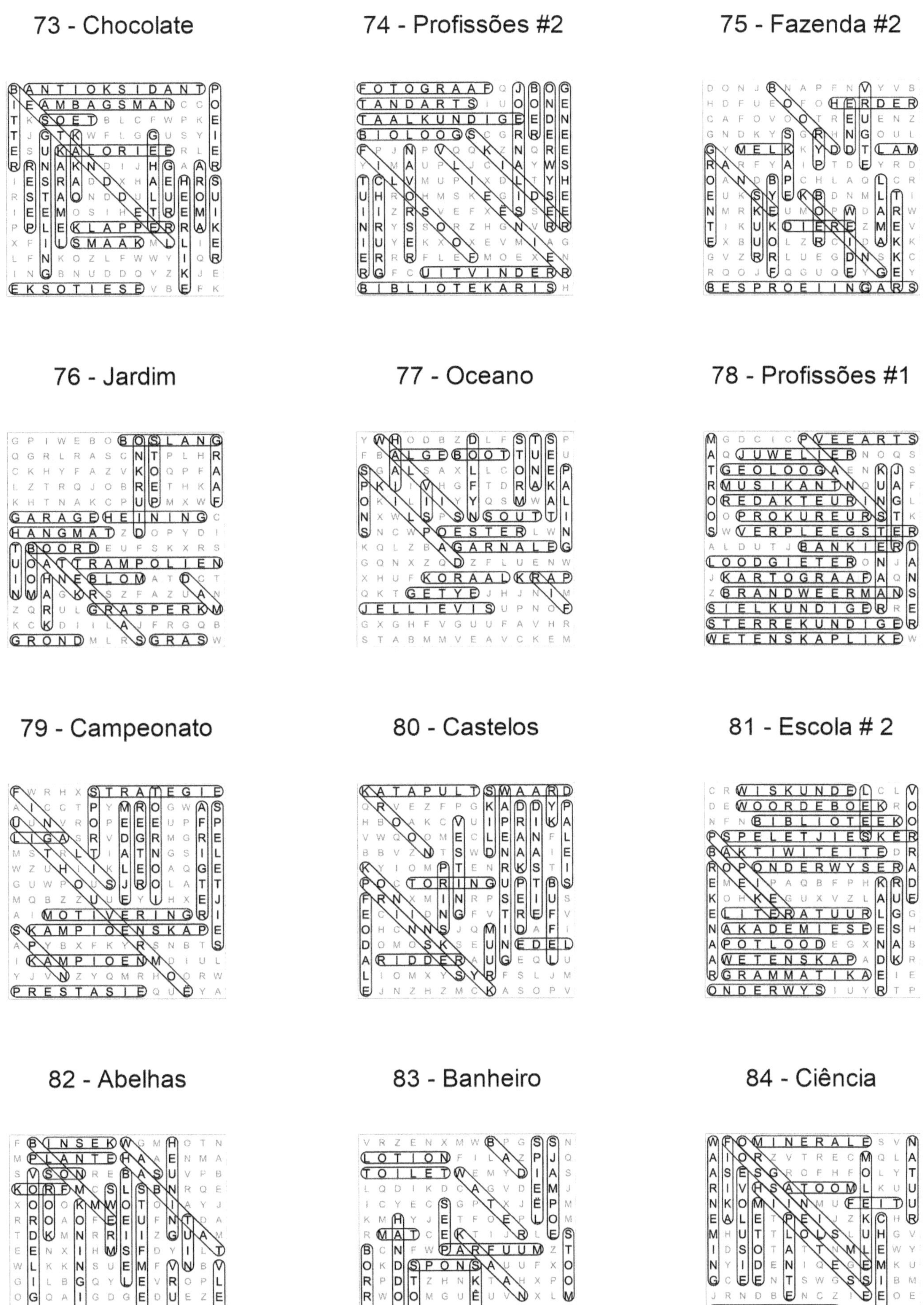

85 - Cores

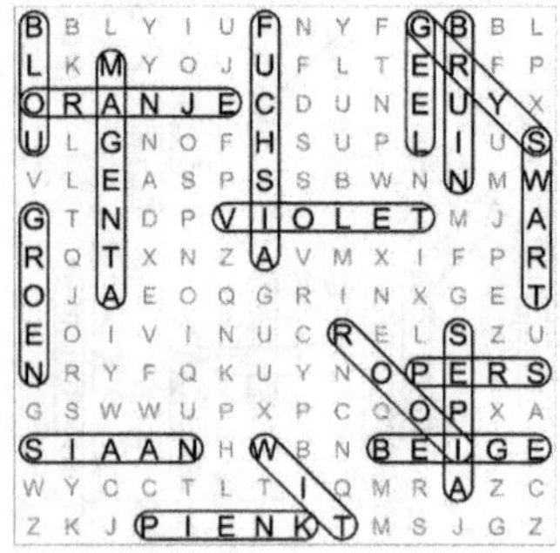

86 - Comida #1

87 - Pássaros

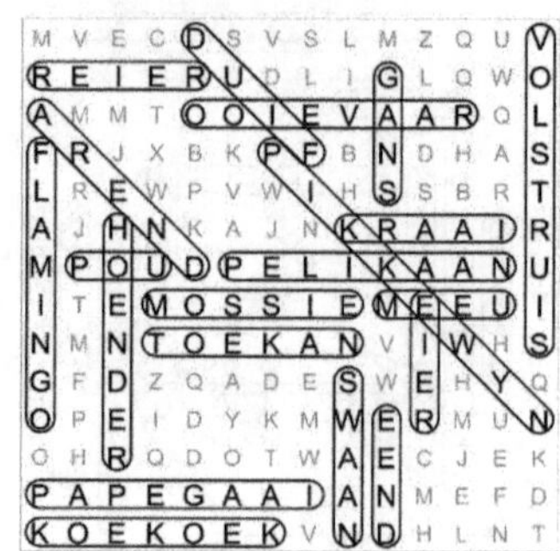

88 - Virtudes #1

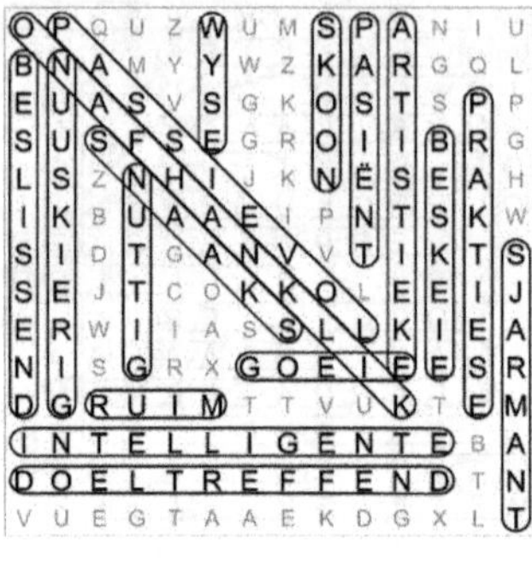

89 - Literatura

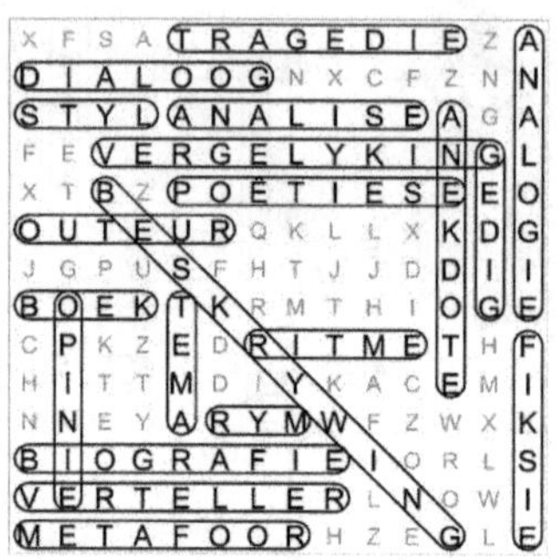

90 - Clima

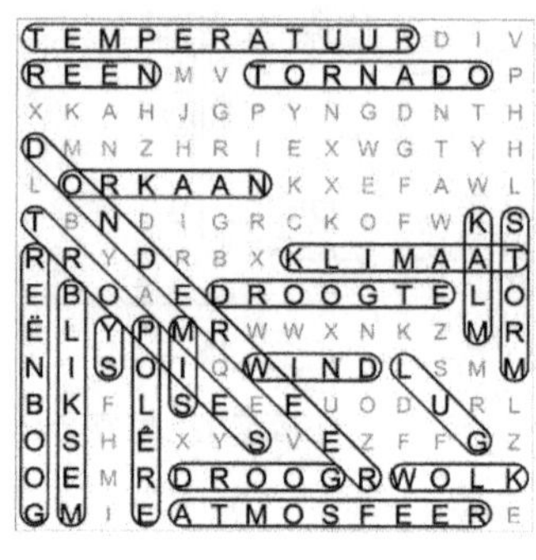

91 - Tecnologia

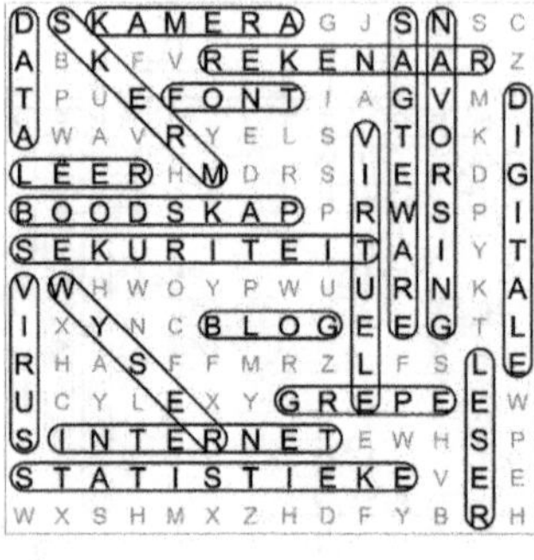

92 - Arte

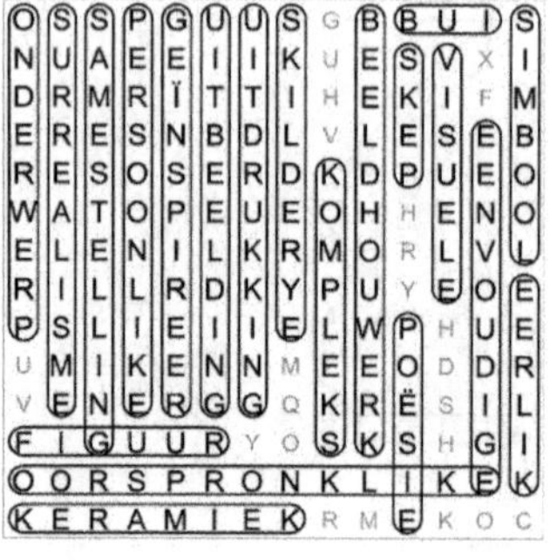

93 - Dinossauros

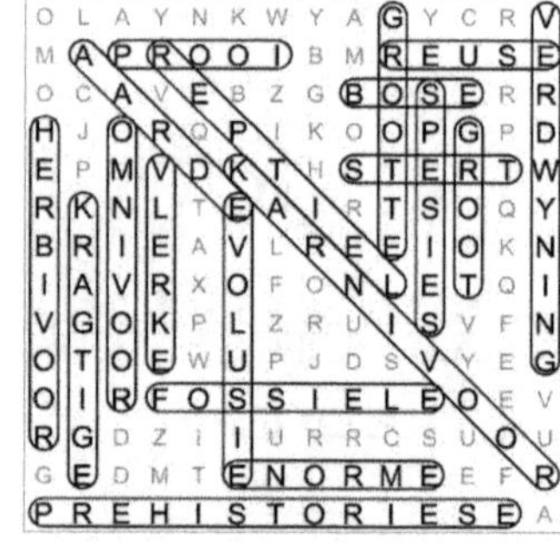

94 - Esportes

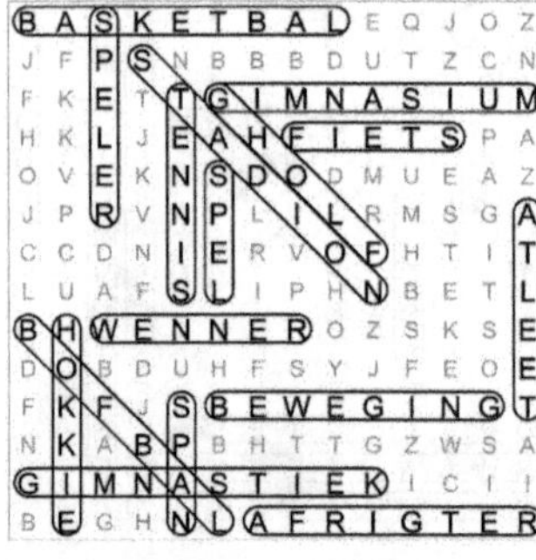

95 - Comida # 2

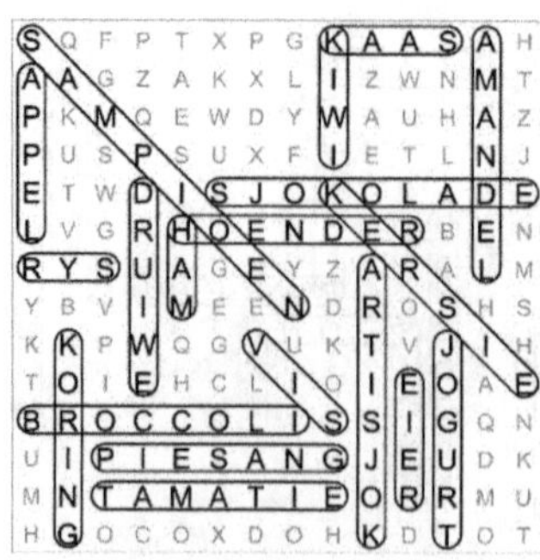

96 - Barcos

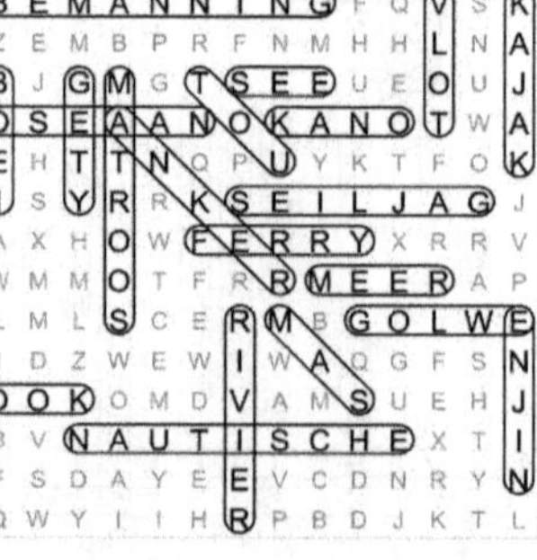

97 - Outono

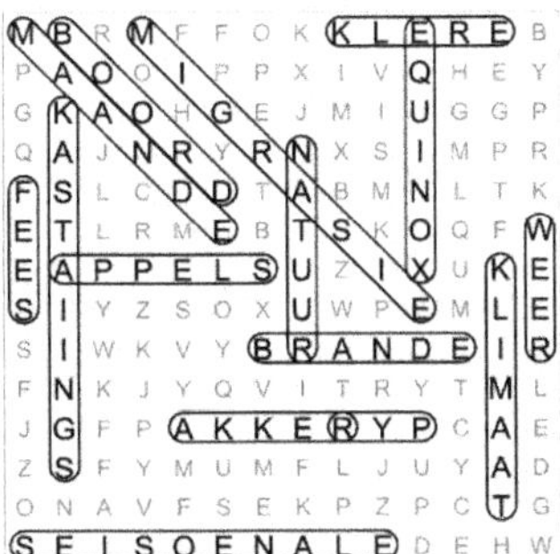

98 - Piratas

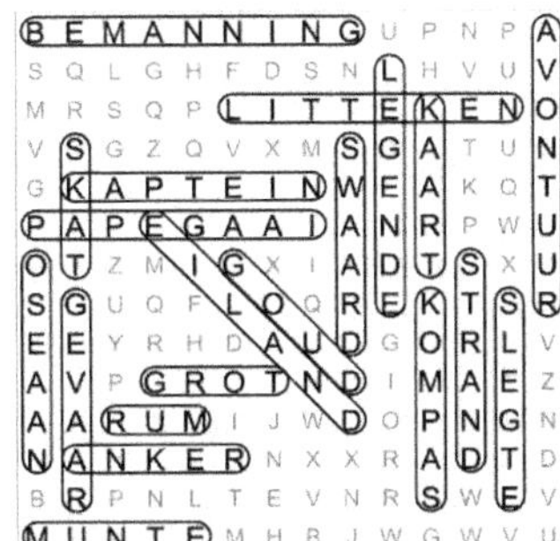

99 - Mamíferos

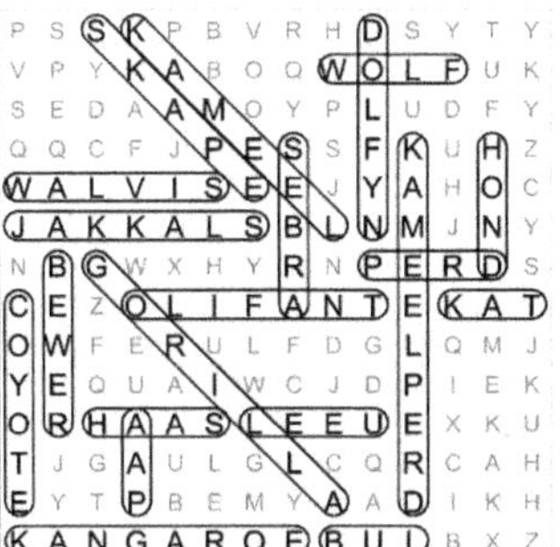

100 - Atividades e Lazer

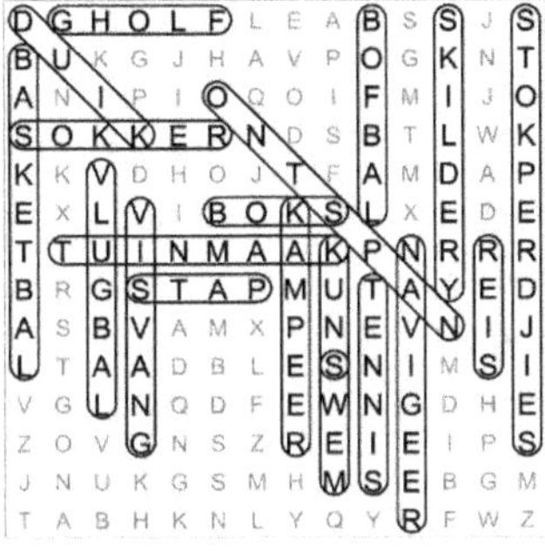

Dicionário

Abelhas
Bye

Asas	Vlerke
Benéfico	Voordelige
Cera	Was
Colmeia	Korf
Diversidade	Diversiteit
Ecossistema	Ekosisteem
Enxame	Swerm
Flor	Bloeisel
Flores	Blomme
Fruta	Vrugte
Fumaça	Rook
Habitat	Habitat
Inseto	Insek
Jardim	Tuin
Mel	Heuning
Plantas	Plante
Pólen	Stuifmeel
Rainha	Koningin
Sol	Son

Acampamento
Kampeer

Animais	Diere
Aventura	Avontuur
Árvores	Bome
Bússola	Kompas
Cabine	Kajuit
Caça	Jag
Canoa	Kano
Chapéu	Hoed
Corda	Tou
Equipamento	Toerusting
Floresta	Bos
Fogo	Vuur
Inseto	Insek
Lago	Meer
Lua	Maan
Maca	Hangmat
Mapa	Kaart
Montanha	Berg
Natureza	Natuur
Tenda	Tent

Adjetivos #1
Byvoeglike Naamwoorde #1

Absoluto	Absolute
Ambicioso	Ambisieuse
Aromático	Aromatiese
Artístico	Artistieke
Atraente	Aantreklik
Enorme	Groot
Escuro	Donker
Exótico	Eksotiese
Fino	Dun
Generoso	Ruim
Honesto	Eerlik
Idêntico	Identiese
Importante	Belangrik
Lento	Stadig
Misterioso	Geheimsinnige
Moderno	Moderne
Perfeito	Perfek
Pesado	Swaar
Sério	Ernstig
Valioso	Waardevolle

Adjetivos #2
Byvoeglike Naamwoorde #2

Autêntico	Outentieke
Criativo	Kreatiewe
Descritivo	Beskrywende
Dotado	Begaafde
Elegante	Elegant
Famoso	Bekende
Forte	Sterk
Grosso	Dik
Interessante	Interessant
Natural	Natuurlike
Normal	Normale
Novo	Nuwe
Orgulhoso	Trots
Produtivo	Produktiewe
Puro	Suiwer
Quente	Warm
Salgado	Sout
Saudável	Gesond
Seco	Droë
Selvagem	Wilde

Animais de Estimação
Troeteldiere

Água	Water
Cabra	Bok
Cachorro	Hondjie
Cauda	Stert
Cão	Hond
Coelho	Haas
Colarinho	Kraag
Garras	Kloue
Gatinho	Katjie
Gato	Kat
Hamster	Hamster
Lagarto	Akkedis
Mouse	Muis
Papagaio	Papegaai
Peixe	Vis
Tartaruga	Skilpad
Vaca	Koei
Veterinário	Veearts

Aniversário
Verjaarsdag

Alegre	Vreugdevol
Amigos	Vriende
Ano	Jaar
Aprender	Om te Leer
Bolo	Koek
Calendário	Kalender
Canção	Lied
Cartões	Kaarte
Celebração	Viering
Convites	Uitnodigings
Dia	Dag
Dom	Geskenk
Especial	Spesiaal
Feliz	Gelukkig
Jovem	Jong
Nascer	Gebore
Sabedoria	Wysheid
Tempo	Tyd
Velas	Kerse

Antártica
Antarktika

Ambiente	Omgewing
Água	Water
Baía	Baai
Científico	Wetenskaplik
Conservação	Bewaring
Continente	Kontinent
Enseada	Cove
Expedição	Ekspedisie
Geleiras	Gletsers
Gelo	Ys
Geografia	Aardrykskunde
Ilhas	Eilande
Investigador	Navorser
Migração	Migrasie
Minerais	Minerale
Península	Skiereiland
Pinguins	Pikkewyne
Rochoso	Rotsagtige
Temperatura	Temperatuur
Topografia	Topografie

Arte
Kuns

Cerâmica	Keramiek
Complexo	Kompleks
Composição	Samestelling
Criar	Skep
Escultura	Beeldhouwerk
Expressão	Uitdrukking
Figura	Figuur
Honesto	Eerlik
Humor	Bui
Inspirado	Geïnspireer
Original	Oorspronklike
Pessoal	Persoonlike
Pinturas	Skilderye
Poesia	Poësie
Retratar	Uitbeelding
Simples	Eenvoudige
Símbolo	Simbool
Sujeito	Onderwerp
Surrealismo	Surrealisme
Visual	Visuele

Artes Visuais
Visuele Kunste

Argila	Klei
Arquitetura	Argitektuur
Artista	Kunstenaar
Caneta	Pen
Carvão	Houtskool
Cavalete	Esel
Cera	Was
Cerâmica	Keramiek
Composição	Samestelling
Criatividade	Skeppings-
Escultura	Beeldhouwerk
Filme	Film
Fotografia	Foto
Giz	Kryt
Lápis	Potlood
Obra-Prima	Meesterstuk
Perspectiva	Perspektief
Pintura	Skildery
Retrato	Portret
Verniz	Vernis

Astronomia
Sterrekunde

Asteróide	Asteroïde
Astronauta	Ruimtevaarder
Astrônomo	Sterrekundige
Céu	Lug
Constelação	Sterrebeeld
Cosmos	Kosmos
Eclipse	Verduistering
Equinócio	Equinox
Foguete	Vuurpyl
Gravidade	Swaartekrag
Lua	Maan
Meteoro	Meteoor
Nebulosa	Newel
Observatório	Sterrewag
Planeta	Planeet
Radiação	Bestraling
Solar	Sonkrag
Supernova	Supernova
Terra	Aarde
Universo	Heelal

Atividades
Aktiwiteite

Arte	Kuns
Artesanato	Handwerk
Atividade	Aktiwiteit
Caca	Jag
Caminhada	Stap
Cerâmica	Keramiek
Fotografia	Fotografie
Habilidade	Vaardigheid
Interesses	Belange
Jardinagem	Tuinmaak
Jogos	Speletjies
Lazer	Ontspanning
Lendo	Lees
Magia	Towerkuns
Pesca	Visvang
Pintura	Skildery
Prazer	Plesier

Atividades e Lazer
Aktiwiteite en Ontspanni

Acampamento	Kampeer
Arte	Kuns
Basquete	Basketbal
Beisebol	Bofbal
Boxe	Boks
Caminhada	Stap
Futebol	Sokker
Golfe	Gholf
Hobbies	Stokperdjies
Jardinagem	Tuinmaak
Mergulho	Duik
Natação	Swem
Pesca	Visvang
Pintura	Skildery
Relaxante	Ontspan
Surfe	Navigeer
Tênis	Tennis
Viagem	Reis
Voleibol	Vlugbal

Aventura
Avontuur

Alegria	Vreugde
Amigos	Vriende
Atividade	Aktiwiteit
Beleza	Skoonheid
Chance	Kans
Desafios	Uitdagings
Destino	Bestemming
Dificuldade	Probleme
Entusiasmo	Entoesiasme
Excursão	Uitstappie
Incomum	Ongewone
Itinerário	Reisplan
Natureza	Natuur
Navegação	Navigasie
Novo	Nuwe
Oportunidade	Geleentheid
Perigoso	Gevaarlik
Preparação	Voorbereiding
Segurança	Veiligheid
Surpreendente	Verbasend

Aviões
Vliegtuie

Altura	Hoogte
Ar	Lug
Aterrissagem	Landing
Atmosfera	Atmosfeer
Aventura	Avontuur
Balão	Ballon
Combustível	Brandstof
Construção	Konstruksie
Descida	Afkoms
Direção	Rigting
Hidrogênio	Waterstof
História	Geskiedenis
Inflar	Blaas
Motor	Enjin
Navegar	Navigeer
Passageiro	Passasier
Piloto	Vlieënier
Tempo	Weer
Tripulação	Bemanning
Turbulência	Turbulensie

Água
Water

Canal	Kanaal
Chuva	Reën
Chuveiro	Stort
Evaporação	Verdamping
Furacão	Orkaan
Geada	Ryp
Gelo	Ys
Geyser	Geiser
Inundação	Vloed
Irrigação	Besproeiing
Lago	Meer
Neve	Sneeu
Oceano	Oseaan
Ondas	Golwe
Potável	Drinkbaar
Rio	Rivier
Umidade	Vog
Vapor	Stoom

Balé
Ballet

Aplauso	Applous
Artístico	Artistieke
Bailarina	Ballerina
Compositor	Komponis
Coreografia	Choreografie
Dançarinos	Dansers
Ensaio	Repetisie
Estilo	Styl
Expressivo	Ekspressiewe
Gesto	Gebaar
Gracioso	Grasieuse
Habilidade	Vaardigheid
Intensidade	Intensiteit
Música	Musiek
Orquestra	Orkes
Prática	Oefen
Público	Gehoor
Ritmo	Ritme
Solo	Solo
Técnica	Tegniek

Banheiro
Badkamer

Água	Water
Banheiro	Toilet
Banho	Bad
Bolhas	Borrels
Chuveiro	Stort
Espelho	Spieël
Esponja	Spons
Loção	Lotion
Perfume	Parfuum
Sabão	Seep
Tapete	Mat
Tesoura	Skêr
Toalha	Handdoek
Torneira	Kraan
Vapor	Stoom
Xampu	Sjampoe

Barcos
Bote

Âncora	Anker
Balsa	Ferry
Bóia	Boei
Caiaque	Kajak
Canoa	Kano
Corda	Tou
Doca	Dok
Iate	Seiljag
Jangada	Vlot
Lago	Meer
Mar	See
Maré	Gety
Marinheiro	Matroos
Mastro	Mas
Motor	Enjin
Náutico	Nautische
Oceano	Oseaan
Ondas	Golwe
Rio	Rivier
Tripulação	Bemanning

Brinquedos
Speelgoed

Argila	Klei
Artesanato	Handwerk
Avião	Vliegtuig
Barco	Boot
Bateria	Dromme
Bicicleta	Fiets
Bola	Bal
Boneca	Pop
Caminhão	Vragmotor
Carro	Motor
Favorito	Gunsteling
Imaginação	Verbeelding
Jogos	Speletjies
Livros	Boeke
Pipa	Vlieër
Robô	Robot
Tintas	Verf
Xadrez	Skaak

Caminhada
Stap

Acampamento	Kampeer
Animais	Diere
Água	Water
Botas	Stewels
Cansado	Moeg
Clima	Klimaat
Guias	Gidse
Mapa	Kaart
Montanha	Berg
Natureza	Natuur
Orientação	Oriëntasie
Parques	Parke
Pedras	Klippe
Penhasco	Krans
Perigos	Gevare
Pesado	Swaar
Preparação	Voorbereiding
Selvagem	Wilde
Sol	Son
Tempo	Weer

Campeonato
Kampioenskap

Campeão	Kampioen
Campeonato	Kampioenskap
Desempenho	Prestasie
Equipe	Span
Esportes	Sport
Estratégia	Strategie
Finalista	Finalis
Jogos	Speletjies
Juiz	Regter
Liga	Liga
Medalha	Medalje
Motivação	Motivering
Resistência	Uithouvermoë
Torneio	Toernooi
Treinador	Afrigter
Vitória	Oorwinning

Casa
Huis

Biblioteca	Biblioteek
Cerca	Heining
Chaves	Sleutels
Chuveiro	Stort
Cortinas	Gordyne
Cozinha	Kombuis
Espelho	Spieël
Garagem	Garage
Janela	Venster
Jardim	Tuin
Lareira	Kaggel
Mobiliário	Meubels
Parede	Muur
Porta	Deur
Quarto	Slaapkamer
Sótão	Solder
Tapete	Mat
Teto	Plafon
Torneira	Kraan
Vassoura	Besem

Castelos
Kastele

Armadura	Wapenrusting
Catapulta	Katapult
Cavaleiro	Ridder
Cavalo	Perd
Coroa	Kroon
Dinastia	Dinastie
Dragão	Draak
Escudo	Skild
Espada	Swaard
Feudal	Feodale
Fortaleza	Vesting
Império	Ryk
Nobre	Edel
Palácio	Paleis
Parede	Muur
Princesa	Prinses
Príncipe	Prins
Reino	Koninkryk
Torre	Toring
Unicórnio	Buffel

Chocolate
Sjokolade

Açúcar	Suiker
Amargo	Bitter
Antioxidante	Antioksidant
Aroma	Aroma
Artesanal	Ambagsman
Cacau	Kakao
Calorias	Kalorieë
Caramelo	Karamel
Coco	Klapper
Delicioso	Heerlike
Doce	Soet
Exótico	Eksotiese
Favorito	Gunsteling
Gosto	Smaak
Ingrediente	Bestanddeel
Pó	Poeier
Qualidade	Gehalte
Receita	Resep
Sabor	Geur

Churrascos
Barbecues

Almoço	Middagete
Convite	Uitnodiging
Crianças	Kinders
Facas	Messe
Família	Familie
Fome	Honger
Frango	Hoender
Fruta	Vrugte
Grelha	Braai
Jantar	Aandete
Jogos	Speletjies
Legumes	Groente
Molho	Sous
Música	Musiek
Pimenta	Peper
Quente	Warm
Sal	Sout
Saladas	Slaaie
Tomates	Tamaties
Verão	Somer

Cidade
Die Dorp

Aeroporto	Lughawe
Banco	Bank
Biblioteca	Biblioteek
Clínica	Kliniek
Escola	Skool
Estádio	Stadion
Farmácia	Apteek
Florista	Bloemiste
Galeria	Galery
Hotel	Hotel
Jardim Zoológico	Dieretuin
Livraria	Boekwinkel
Mercado	Mark
Museu	Museum
Padaria	Bakkery
Restaurante	Restaurant
Salão	Salon
Supermercado	Supermark
Teatro	Teater
Universidade	Universiteit

Ciência
Wetenskap

Átomo	Atoom
Cientista	Wetenskaplike
Clima	Klimaat
Dados	Data
Evolução	Evolusie
Fato	Feit
Física	Fisika
Fóssil	Fossiel
Gravidade	Swaartekrag
Hipótese	Hipotese
Laboratório	Laboratorium
Método	Metode
Minerais	Minerale
Moléculas	Molekules
Natureza	Natuur
Observação	Waarneming
Organismo	Organisme
Partículas	Deeltjies
Plantas	Plante
Químico	Chemiese

Circo
Sirkus

Acrobata	Akrobaat
Animais	Diere
Balões	Ballonne
Bilhete	Kaartjie
Desfile	Parade
Doce	Lekkergoed
Elefante	Olifant
Entreter	Vermaak
Espectador	Toeskouer
Leão	Leeu
Macaco	Aap
Magia	Towerkuns
Malabarista	Jongleur
Mágico	Towenaar
Música	Musiek
Palhaço	Nar
Tenda	Tent
Tigre	Tier
Traje	Kostuum
Truque	Truuk

Clima
Weer

Arco-Íris	Reënboog
Atmosfera	Atmosfeer
Calmo	Kalm
Céu	Lug
Clima	Klimaat
Furacão	Orkaan
Gelo	Ys
Monção	Reën
Nevoeiro	Mis
Nuvem	Wolk
Polar	Polêre
Relâmpago	Bliksem
Seca	Droogte
Seco	Droog
Temperatura	Temperatuur
Tempestade	Storm
Tornado	Tornado
Tropical	Tropies
Trovão	Donderweer
Vento	Wind

Comida # 2
Voedsel - #2

Alcachofra	Artisjok
Amêndoa	Amandel
Arroz	Rys
Banana	Piesang
Beringela	Eiervrug
Brócolis	Broccoli
Cereja	Kersie
Chocolate	Sjokolade
Cogumelo	Sampioen
Frango	Hoender
Iogurte	Jogurt
Kiwi	Kiwi
Maçã	Appel
Ovo	Eier
Peixe	Vis
Presunto	Ham
Queijo	Kaas
Tomate	Tamatie
Trigo	Koring
Uva	Druiwe

Comida #1
Voedsel - #1

Açúcar	Suiker
Alho	Knoffel
Atum	Tuna
Bolo	Koek
Canela	Kaneel
Cebola	Ui
Cenoura	Wortel
Cevada	Gars
Damasco	Appelkoos
Espinafre	Spinasie
Leite	Melk
Limão	Suurlemoen
Manjericão	Basiliekruid
Morango	Aarbei
Nabo	Raap
Pepino	Komkommer
Sal	Sout
Salada	Slaai
Sopa	Sop
Suco	Sap

Conservação
Bewaring

Ambiental	Omgewing
Água	Water
Ciclo	Siklus
Clima	Klimaat
Ecossistema	Ekosisteem
Educação	Onderwys
Habitat	Habitat
Natural	Natuurlike
Orgânico	Organiese
Pesticida	Plaagdoder
Poluição	Besoedeling
Reciclar	Herwin
Reduzir	Verminder
Saúde	Gesondheid
Sustentável	Volhoubare
Verde	Groen

Cores
Die Kleure

Amarelo	Geel
Azul	Blou
Bege	Beige
Branco	Wit
Ciano	Siaan
Cinza	Grys
Fuchsia	Fuchsia
Laranja	Oranje
Magenta	Magenta
Marrom	Bruin
Preto	Swart
Rosa	Pienk
Roxo	Pers
Sépia	Sepia
Verde	Groen
Vermelho	Rooi
Violeta	Violet

Corpo Humano
Die Menslike Liggaam

Boca	Mond
Cabeça	Kop
Cérebro	Brein
Coração	Hart
Cotovelo	Elmboog
Dedo	Vinger
Joelho	Knie
Mandíbula	Kakebeen
Mão	Hand
Nariz	Neus
Olho	Oog
Ombro	Skouer
Orelha	Oor
Pele	Vel
Perna	Been
Pescoço	Nek
Queixo	Ken
Sangue	Bloed
Testa	Voorkop
Tornozelo	Enkel

Cozinha
Kombuis

Avental	Voorskoot
Chaleira	Ketel
Colheres	Lepels
Concha	Skeplepel
Cups	Koppies
Especiarias	Speserye
Esponja	Spons
Facas	Messe
Forno	Oond
Freezer	Vrieskas
Garfos	Vurke
Geladeira	Yskas
Grelha	Braai
Guardanapo	Servet
Jar	Pot
Jarro	Beker
Pauzinhos	Eetstokkies
Receita	Resep
Tigela	Bak

Dança
Dans

Academia	Akademie
Alegre	Vreugdevol
Arte	Kuns
Clássico	Klassieke
Coreografia	Choreografie
Corpo	Liggaam
Cultura	Kultuur
Cultural	Kulturele
Emoção	Emosie
Ensaio	Repetisie
Expressivo	Ekspressiewe
Graça	Genade
Movimento	Beweging
Música	Musiek
Parceiro	Vennoot
Postura	Postuur
Ritmo	Ritme
Saltar	Spring
Tradicional	Tradisioneel
Visual	Visuele

Dias e Meses
Dae en Maande

Abril	April
Agosto	Augustus
Ano	Jaar
Calendário	Kalender
Dezembro	Desember
Domingo	Sondag
Fevereiro	Februarie
Janeiro	Januarie
Julho	Julie
Junho	Junie
Mês	Maand
Novembro	November
Outubro	Oktober
Quinta-Feira	Donderdag
Sábado	Saterdag
Segunda-Feira	Maandag
Semana	Week
Setembro	September
Sexta-Feira	Vrydag
Terça	Dinsdag

Dinossauros
Dinosourusse

Asas	Vlerke
Carnívoro	Karnivoor
Cauda	Stert
Desaparecimento	Verdwyning
Enorme	Enorme
Espécies	Spesies
Evolução	Evolusie
Fósseis	Fossiele
Grande	Groot
Herbívoro	Herbivoor
Mamute	Reuse
Onívoro	Omnivoor
Poderoso	Kragtige
Presa	Prooi
Pré-Histórico	Prehistoriese
Réptil	Reptiel
Tamanho	Grootte
Terra	Aarde
Vicioso	Bose

Dirigindo
Bestuur

Acidente	Ongeluk
Caminhão	Vragmotor
Carro	Motor
Combustível	Brandstof
Cuidado	Versigtigheid
Estrada	Pad
Freios	Remme
Garagem	Garage
Gás	Gas
Licença	Lisensie
Mapa	Kaart
Motocicleta	Motorfiets
Pedestre	Voetganger
Perigo	Gevaar
Polícia	Polisie
Rua	Straat
Segurança	Veiligheid
Transporte	Vervoer
Tráfego	Verkeer
Túnel	Tonnel

Disciplinas Científicas
Wetenskaplike Dissiplines

Anatomia	Anatomie
Arqueologia	Argeologie
Astronomia	Sterrekunde
Biologia	Biologie
Bioquímica	Biochemie
Botânica	Plantkunde
Cinesiologia	Kinesiologie
Ecologia	Ekologie
Fisiologia	Fisiologie
Geologia	Geologie
Imunologia	Immunologie
Linguística	Taalkunde
Meteorologia	Meteorologie
Mineralogia	Mineralogie
Neurologia	Neurologie
Psicologia	Sielkunde
Química	Chemie
Sociologia	Sosiologie
Termodinâmica	Termodinamika
Zoologia	Dierkunde

Ecologia
Ekologie

Clima	Klimaat
Comunidades	Gemeenskappe
Diversidade	Diversiteit
Espécies	Spesies
Fauna	Fauna
Flora	Flora
Global	Globale
Habitat	Habitat
Marinho	Mariene
Montanhas	Berge
Natural	Natuurlike
Natureza	Natuur
Pântano	Marsh
Plantas	Plante
Recursos	Hulpbronne
Seca	Droogte
Sobrevivência	Oorlewing
Sustentável	Volhoubare
Vegetação	Plantegroei
Voluntários	Vrywilligers

Edifícios
Geboue

Apartamento	Woonstel
Cabine	Kajuit
Castelo	Kasteel
Celeiro	Skuur
Embaixada	Ambassade
Escola	Skool
Estádio	Stadion
Fazenda	Plaas
Fábrica	Fabriek
Garagem	Garage
Hospital	Hospitaal
Hotel	Hotel
Laboratório	Laboratorium
Museu	Museum
Observatório	Sterrewag
Supermercado	Supermark
Teatro	Teater
Tenda	Tent
Torre	Toring
Universidade	Universiteit

Emoções
Emosies

Alegria	Vreugde
Amor	Liefde
Animado	Opgewonde
Bem-Aventurança	Bliss
Calmo	Kalm
Conteúdo	Inhoud
Envergonhado	Verleë
Grato	Dankbaar
Medo	Vrees
Paz	Vrede
Raiva	Woede
Relaxado	Ontspanne
Satisfeito	Tevrede
Simpatia	Simpatie
Ternura	Teerheid
Tédio	Verveling
Tranquilidade	Rustigheid
Tristeza	Hartseer

Escalada
Klim

Altitude	Hoogte
Atmosfera	Atmosfeer
Botas	Stewels
Caminhada	Stap
Capacete	Helm
Caverna	Grot
Desafios	Uitdagings
Especialista	Kenner
Estabilidade	Stabiliteit
Estreito	Smal
Físico	Fisies
Força	Sterkte
Guias	Gidse
Luvas	Handskoene
Mapa	Kaart
Terreno	Terrein

Escola # 2
Skool #2

Acadêmico	Akademiese
Atividades	Aktiwiteite
Biblioteca	Biblioteek
Calendário	Kalender
Ciência	Wetenskap
Computador	Rekenaar
Dicionário	Woordeboek
Educação	Onderwys
Gramática	Grammatika
Jogos	Speletjies
Lápis	Potlood
Leitura	Lees
Literatura	Literatuur
Livros	Boeke
Matemática	Wiskunde
Mochila	Rugsak
Papel	Papier
Professor	Onderwyser
Suprimentos	Voorrade
Tesoura	Skêr

Escola #1
Skool #1

Alfabeto	Alfabet
Almoço	Middagete
Amigos	Vriende
Aprender	Om te Leer
Biblioteca	Biblioteek
Cadeira	Stoel
Canetas	Penne
Exames	Eksamens
Lápis	Potlood
Livros	Boeke
Marcadores	Merkers
Matemática	Wiskunde
Mesa	Lessenaar
Números	Getalle
Papel	Papier
Pastas	Dopgehou
Professor	Onderwyser
Questionário	Quiz
Respostas	Antwoorde

Especiarias
Speserye

Açafrão	Saffraan
Alcaçuz	Drop
Alho	Knoffel
Amargo	Bitter
Anis	Anys
Azedo	Suur
Baunilha	Vanielje
Canela	Kaneel
Cardamomo	Kardemom
Caril	Kerrie
Cebola	Ui
Coentro	Koljander
Cominho	Komyn
Doce	Soet
Funcho	Vinkel
Gengibre	Gemmer
Noz-Moscada	Neutmuskaat
Pimenta	Peper
Sabor	Geur
Sal	Sout

Esportes
Sport

Atleta	Atleet
Árbitro	Skeidsregter
Basquete	Basketbal
Beisebol	Bofbal
Bicicleta	Fiets
Campeonato	Kampioenskap
Equipe	Span
Estádio	Stadion
Ganhador	Wenner
Ginásio	Gimnasium
Ginástica	Gimnastiek
Golfe	Gholf
Hóquei	Hokkie
Jogador	Speler
Jogo	Spel
Movimento	Beweging
Tênis	Tennis
Treinador	Afrigter

Exploração
Eksplorasie

Animais	Diere
Aprender	Om te Leer
Atividade	Aktiwiteit
Busca	Soeke
Coragem	Moed
Culturas	Kulture
Descoberta	Ontdekking
Desconhecido	Onbekend
Determinação	Bepaling
Distante	Verre
Espaço	Ruimte
Exaustão	Uitputting
Excitação	Opwinding
Língua	Taal
Novo	Nuwe
Perigos	Gevare
Selvagem	Wilde
Terreno	Terrein
Viagem	Reis

Família
Familie

Antepassado	Voorouer
Avó	Ouma
Avô	Oupa
Criança	Kind
Crianças	Kinders
Esposa	Vrou
Filha	Dogter
Infância	Kinderjare
Irmã	Suster
Irmão	Broer
Marido	Man
Materno	Moeder
Mãe	Ma
Neto	Kleinkind
Pai	Vader
Paterno	Vaderlike
Sobrinha	Niggie
Sobrinho	Neef
Tia	Tannie
Tio	Oom

Fazenda #1
Plaas #1

Abelha	Bye
Agricultura	Landbou
Arroz	Rys
Água	Water
Bezerro	Kalf
Burro	Donkie
Cabra	Bok
Campo	Veld
Cavalo	Perd
Cão	Hond
Cerca	Heining
Corvo	Kraai
Feno	Hooi
Fertilizante	Kunsmis
Frango	Hoender
Gato	Kat
Mel	Heuning
Porco	Vark
Rebanho	Kudde
Vaca	Koei

Fazenda #2
Plaas #2

Agricultor	Boer
Animais	Diere
Celeiro	Skuur
Cevada	Gars
Colmeia	Byekorf
Cordeiro	Lam
Fruta	Vrugte
Ganso	Ganse
Irrigação	Besproeiing
Leite	Melk
Lhama	Llama
Maduro	Ryp
Ovelha	Skape
Pastor	Herder
Pato	Eend
Pomar	Boord
Prado	Weide
Trator	Trekker
Trigo	Koring
Vegetal	Groente

Férias #1
Vakansie #1

Alfândega	Doeane
Avião	Vliegtuig
Bilhete	Kaartjie
Bonde	Tram
Carro	Motor
Expedição	Ekspedisie
Guarda-Chuva	Sambreel
Itinerário	Reisplan
Lago	Meer
Mala	Tas
Mochila	Rugsak
Moeda	Geldeenheid
Museu	Museum
Partida	Vertrek
Relaxamento	Ontspanning
Turista	Toeris

Férias #2
Vakansie #2

Aeroporto	Lughawe
Destino	Bestemming
Estrangeiro	Buitelander
Feriado	Vakansie
Fotos	Foto'S
Hotel	Hotel
Ilha	Eiland
Lazer	Ontspanning
Mapa	Kaart
Mar	See
Montanhas	Berge
Passaporte	Paspoort
Praia	Strand
Reservas	Besprekings
Restaurante	Restaurant
Táxi	Taxi
Tenda	Tent
Transporte	Vervoer
Viagem	Reis
Visto	Visa

Ficção Científica
Wetenskap Fiksie

Atómico	Atoom
Cinema	Teater
Distante	Verre
Distopia	Distopie
Explosão	Ontploffing
Extremo	Uiterste
Fantástico	Fantasties
Fogo	Vuur
Futurista	Futuristies
Galáxia	Sterrestelsel
Ilusão	Illusie
Imaginário	Denkbeeldige
Livros	Boeke
Misterioso	Geheimsinnige
Mundo	Heelal
Oráculo	Orakel
Planeta	Planeet
Robôs	Robotte
Tecnologia	Tegnologie
Utopia	Utopie

Flores
Blomme

Buquê	Boeket
Calêndula	Calendula
Dente-De-Leão	Paardebloem
Gardênia	Gardenia
Girassol	Sonneblom
Hibisco	Hibiskus
Jasmim	Jasmyn
Lavanda	Laventel
Lilás	Lila
Lírio	Lelie
Magnólia	Magnolia
Margarida	Madeliefie
Orquídea	Orgidee
Papoula	Papawer
Peônia	Pioen
Pétala	Blomblare
Plumeria	Plumeria
Rosa	Rose
Trevo	Klawer
Tulipa	Tulp

Floresta Tropical
Reënwoud

Anfíbios	Amfibieë
Botânico	Botaniese
Clima	Klimaat
Comunidade	Gemeenskap
Diversidade	Diversiteit
Espécies	Spesies
Indígena	Inheemse
Insetos	Insekte
Mamíferos	Soogdiere
Musgo	Mos
Natureza	Natuur
Nuvens	Wolke
Pássaros	Voëls
Preservação	Bewaring
Refúgio	Toevlug
Respeito	Respek
Restauração	Herstel
Sobrevivência	Oorlewing
Valioso	Waardevolle

Formas
Vorms

Arco	Lnr
Canto	Hoek
Cilindro	Silinder
Círculo	Sirkel
Cone	Keël
Cubo	Kubus
Curva	Kurwe
Elipse	Ellips
Esfera	Sfeer
Hipérbole	Hiperbool
Lado	Kant
Linha	Lyn
Oval	Ovaal
Pirâmide	Piramide
Polígono	Veelhoek
Prisma	Prisma
Quadrado	Vierkante
Retângulo	Reghoek
Triângulo	Driehoek

Frutas
Vrugte

Abacate	Avokado
Abacaxi	Pynappel
Amora	Blackberry
Baga	Bessie
Banana	Piesang
Cereja	Kersie
Coco	Klapper
Damasco	Appelkoos
Framboesa	Framboos
Goiaba	Koejawel
Kiwi	Kiwi
Laranja	Oranje
Limão	Suurlemoen
Maçã	Appel
Mamão	Papaja
Manga	Mango
Nectarina	Nektarien
Pera	Peer
Pêssego	Perske
Uva	Druiwe

Geografia
Aardrykskunde

Altitude	Hoogte
Atlas	Atlas
Cidade	Stad
Continente	Kontinent
Hemisfério	Halfrond
Ilha	Eiland
Latitude	Latitude
Mapa	Kaart
Mar	See
Meridiano	Meridiaan
Montanha	Berg
Mundo	Heelal
Norte	Noord
Oceano	Oseaan
Oeste	Wes
País	Land
Região	Streek
Rio	Rivier
Sul	Suid
Território	Gebied

Geologia
Geologie

Ácido	Suur
Camada	Laag
Caverna	Grot
Cálcio	Kalsium
Continente	Kontinent
Coral	Koraal
Cristais	Kristalle
Erosão	Erosie
Estalactite	Stalaktiet
Estalagmites	Stalagmiete
Fóssil	Fossiel
Lava	Lava
Minerais	Minerale
Pedra	Klip
Platô	Plato
Quartzo	Kwarts
Sal	Sout
Terremoto	Aardbewing
Vulcão	Vulkaan
Zona	Sone

Herbalismo
Kruiemedisyne

Açafrão	Saffraan
Alecrim	Roosmaryn
Alho	Knoffel
Aromático	Aromatiese
Benéfico	Voordelige
Coentro	Koljander
Estragão	Dragon
Flor	Blom
Funcho	Vinkel
Ingrediente	Bestanddeel
Jardim	Tuin
Lavanda	Laventel
Manjericão	Basiliekruid
Manjerona	Marjolein
Planta	Plant
Qualidade	Gehalte
Sabor	Geur
Salsa	Pietersielie
Tomilho	Tiemie
Verde	Groen

Insetos
Insekte

Abelha	Bye
Barata	Kakkerlak
Besouro	Kewer
Borboleta	Skoenlapper
Cigarra	Cicada
Cupim	Termiet
Formiga	Mier
Gafanhoto	Sprinkaan
Joaninha	Ladybug
Larva	Larwe
Libélula	Naaldekoker
Louva-A-Deus	Mantis
Mariposa	Mot
Minhoca	Wurm
Mosquito	Muskiet
Pulga	Vlooi
Pulgão	Plantluis
Vespa	Perdeby

Instrumentos Musicais
Musikale Instrumente

Bandolim	Mandolien
Banjo	Banjo
Clarinete	Klarinet
Fagote	Fagot
Flauta	Fluit
Gaita	Harmonica
Gongo	Gong
Harpa	Harp
Marimba	Marimba
Oboé	Hobo
Pandeiro	Tamboeryn
Percussão	Perkussie
Piano	Klavier
Saxofone	Saksofoon
Tambor	Drom
Trombone	Trombone
Trompete	Basuin
Violão	Kitaar
Violino	Viool
Violoncelo	Tjello

Jardim
Tuin

Ancinho	Hark
Arbusto	Bos
Árvore	Boom
Banco	Bank
Cerca	Heining
Ervas Daninhas	Onkruid
Flor	Blom
Garagem	Garage
Grama	Gras
Gramado	Grasperk
Jardim	Tuin
Lagoa	Dam
Maca	Hangmat
Mangueira	Slang
Pá	Graaf
Pomar	Boord
Solo	Grond
Terraço	Terras
Trampolim	Trampolien
Varanda	Stoep

Literatura
Letterkunde

Analogia	Analogie
Análise	Analise
Anedota	Anekdote
Autor	Outeur
Biografia	Biografie
Comparação	Vergelyking
Descrição	Beskrywing
Diálogo	Dialoog
Estilo	Styl
Ficção	Fiksie
Metáfora	Metafoor
Narrador	Verteller
Opinião	Opinie
Poema	Gedig
Poético	Poëtiese
Rima	Rym
Ritmo	Ritme
Romance	Boek
Tema	Tema
Tragédia	Tragedie

Livros
Boeke

Autor	Outeur
Aventura	Avontuur
Coleção	Versameling
Contexto	Konteks
Dualidade	Dualiteit
Escrito	Geskryf
Épico	Epiese
História	Storie
Histórico	Historiese
Inventivo	Vindingryke
Leitor	Leser
Literário	Literêre
Narrador	Verteller
Página	Bladsy
Poema	Gedig
Poesia	Poësie
Relevante	Relevant
Romance	Boek
Série	Reeks
Trágico	Tragies

Mamíferos
Soogdiere

Baleia	Walvis
Camelo	Kameel
Canguru	Kangaroe
Castor	Bewer
Cavalo	Perd
Cão	Hond
Coelho	Haas
Coiote	Coyote
Elefante	Olifant
Gato	Kat
Girafa	Kameelperd
Golfinho	Dolfyn
Gorila	Gorilla
Leão	Leeu
Lobo	Wolf
Macaco	Aap
Ovelha	Skape
Raposa	Jakkals
Touro	Bul
Zebra	Sebra

Matemática
Wiskunde

Aritmética	Rekenkunde
Ângulos	Hoeke
Decimal	Desimale
Diâmetro	Deursnee
Equação	Vergelyking
Expoente	Eksponent
Fração	Breuk
Geometria	Meetkunde
Paralelo	Parallel
Paralelogramo	Parallelogram
Perímetro	Omtrek
Perpendicular	Loodreg
Polígono	Veelhoek
Quadrado	Vierkante
Raio	Radius
Retângulo	Reghoek
Simetria	Simmetrie
Soma	Som
Triângulo	Driehoek
Volume	Volume

Material de Arte
Kunsbenodigdhede

Acrílico	Akriel
Apagador	Uitveër
Aquarelas	Waterverf
Argila	Klei
Água	Water
Cadeira	Stoel
Carvão	Houtskool
Cavalete	Esel
Câmera	Kamera
Cola	Gom
Cores	Kleure
Criatividade	Kreatiwiteit
Escovas	Borsels
Lápis	Potlode
Mesa	Tabel
Óleo	Olie
Papel	Papier
Pastels	Pastel
Tinta	Ink
Tintas	Verf

Medições
Metings

Altura	Hoogte
Byte	Byte
Centímetro	Sentimeter
Comprimento	Lengte
Decimal	Desimale
Grama	Gram
Grau	Graad
Largura	Breedte
Litro	Liter
Massa	Massa
Metro	Meter
Minuto	Minuut
Onça	Ons
Peso	Gewig
Polegada	Duim
Profundidade	Diepte
Quilograma	Kilogram
Quilômetro	Kilometer
Tonelada	Ton
Volume	Volume

Meditação
Meditasie

Aceitação	Aanvaarding
Acordado	Wakker
Atenção	Aandag
Clareza	Duidelikheid
Compaixão	Deernis
Emoções	Emosies
Ensinamentos	Leer
Gratidão	Dankbaarheid
Hábitos	Gewoontes
Mental	Geestelike
Mente	Gedagte
Movimento	Beweging
Música	Musiek
Natureza	Natuur
Observação	Waarneming
Paz	Vrede
Pensamentos	Gedagtes
Perspectiva	Perspektief
Postura	Postuur
Silêncio	Stilte

Mitologia
Mitologie

Arquétipo	Argetipe
Ciúmes	Jaloesie
Comportamento	Gedrag
Crenças	Oortuigings
Criação	Skepping
Criatura	Skepsel
Cultura	Kultuur
Desastre	Ramp
Força	Sterkte
Guerreiro	Kryger
Heroína	Heldin
Herói	Held
Labirinto	Labirint
Lenda	Legende
Mágico	Magiese
Monstro	Monster
Mortal	Sterflike
Relâmpago	Weerlig
Trovão	Donderweer
Vingança	Wraak

Natureza
Die Natuur

Abelhas	Bye
Abrigo	Skuiling
Animais	Diere
Ártico	Arktiese
Beleza	Skoonheid
Deserto	Woestyn
Dinâmico	Dinamies
Erosão	Erosie
Floresta	Bos
Folhagem	Blare
Geleira	Gletser
Nevoeiro	Mis
Nuvens	Wolke
Pacífico	Vreedsame
Rio	Rivier
Santuário	Heiligdom
Selvagem	Wilde
Sereno	Rustige
Tropical	Tropies
Vital	Noodsaaklik

Nutrição
Voeding

Amargo	Bitter
Apetite	Eetlus
Calorias	Kalorieë
Carboidratos	Koolhidrate
Comestível	Eetbare
Dieta	Dieet
Digestão	Vertering
Equilibrado	Gebalanseerde
Fermentação	Fermentasie
Líquidos	Vloeistowwe
Molho	Sous
Nutriente	Voedingstof
Peso	Gewig
Proteínas	Proteïene
Qualidade	Gehalte
Sabor	Geur
Saudável	Gesond
Saúde	Gesondheid
Toxina	Gifstof
Vitamina	Vitamien

Números
Nommers

Cinco	Vyf
Decimal	Desimale
Dez	Tien
Dezesseis	Sestien
Dezessete	Sewentien
Dezoito	Agtien
Dois	Twee
Doze	Twaalf
Nove	Nege
Oito	Agt
Quatorze	Veertien
Quatro	Vier
Quinze	Vyftien
Seis	Ses
Sete	Sewe
Treze	Dertien
Três	Drie
Um	Een
Vinte	Twintig
Zero	Nul

Oceano
Oseaan

Alga	Alge
Atum	Tuna
Baleia	Walvis
Barco	Boot
Camarão	Garnale
Caranguejo	Krap
Coral	Koraal
Enguia	Paling
Esponja	Spons
Golfinho	Dolfyn
Marés	Getye
Medusa	Jellievis
Ostra	Oester
Peixe	Vis
Polvo	Seekat
Recife	Rif
Sal	Sout
Tartaruga	Skilpad
Tempestade	Storm
Tubarão	Haai

Outono
Herfs

Bolota	Akker
Castanhas	Kastaiings
Clima	Klimaat
Equinócio	Equinox
Festival	Fees
Geada	Ryp
Incêndios	Brande
Maçãs	Appels
Meses	Maande
Migração	Migrasie
Natureza	Natuur
Pomar	Boord
Roupa	Klere
Sazonal	Seisoenale
Tempo	Weer

Paisagens
Landskappe

Cascata	Waterval
Caverna	Grot
Colina	Heuwel
Deserto	Woestyn
Geleira	Gletser
Golfo	Golf
Iceberg	Ysberg
Ilha	Eiland
Lago	Meer
Mar	See
Montanha	Berg
Oásis	Oase
Oceano	Oseaan
Pântano	Moeras
Península	Skiereiland
Praia	Strand
Rio	Rivier
Tundra	Toendra
Vale	Vallei
Vulcão	Vulkaan

Países #2
Lande #2

Albânia	Albanië
Dinamarca	Denemarke
França	Frankryk
Grécia	Griekeland
Haiti	Haïti
Indonésia	Indonesië
Irlanda	Ierland
Jamaica	Jamaika
Japão	Japan
Laos	Laos
Líbano	Libanon
México	Mexiko
Nepal	Nepal
Nigéria	Nigerië
Paquistão	Pakistan
Rússia	Rusland
Síria	Sirië
Somália	Somalië
Ucrânia	Oekraïne
Uganda	Uganda

Pássaros
Voëls

Avestruz	Volstruis
Águia	Arend
Cegonha	Ooievaar
Cisne	Swaan
Corvo	Kraai
Cuco	Koekoek
Flamingo	Flamingo
Frango	Hoender
Gaivota	Meeu
Ganso	Gans
Garça	Reier
Ovo	Eier
Papagaio	Papegaai
Pardal	Mossie
Pato	Eend
Pavão	Pou
Pelicano	Pelikaan
Pinguim	Pikkewyn
Pombo	Duif
Tucano	Toekan

Pesca
Visvang

Água	Water
Barbatanas	Vinne
Barco	Boot
Brânquias	Kiewe
Cesta	Mandjie
Cozinhar	Kook
Equipamento	Toerusting
Exagero	Oordrywing
Fio	Draad
Gancho	Haak
Isca	Aas
Lago	Meer
Mandíbula	Kakebeen
Oceano	Oseaan
Paciência	Geduld
Peso	Gewig
Praia	Strand
Rio	Rivier
Temporada	Seisoen

Piratas
Seerowers

Aventura	Avontuur
Âncora	Anker
Bússola	Kompas
Capitão	Kaptein
Caverna	Grot
Cicatriz	Litteken
Espada	Swaard
Ilha	Eiland
Lenda	Legende
Mapa	Kaart
Mau	Slegte
Moedas	Munte
Oceano	Oseaan
Ouro	Goud
Papagaio	Papegaai
Perigo	Gevaar
Praia	Strand
Rum	Rum
Tesouro	Skat
Tripulação	Bemanning

Plantas
Plante

Árvore	Boom
Baga	Bessie
Bambu	Bamboes
Botânica	Plantkunde
Cacto	Kaktus
Erva	Plante
Feijão	Boontjie
Fertilizante	Kunsmis
Flor	Blom
Flora	Flora
Floresta	Bos
Folha	Blad
Folhagem	Blare
Grama	Gras
Hera	Klimop
Jardim	Tuin
Musgo	Mos
Pétala	Blomblare
Raiz	Wortel
Vegetação	Plantegroei

Praia
Strand

Areia	Sand
Azul	Blou
Barco	Boot
Caranguejo	Krap
Costa	Kus
Doca	Dok
Guarda-Chuva	Sambreel
Ilha	Eiland
Lagoa	Strandmeer
Mar	See
Oceano	Oseaan
Recife	Rif
Sandálias	Sandale
Sol	Son
Toalha	Handdoek
Veleiro	Seilboot

Preencher
Om te Vul

Balde	Emmer
Bandeja	Skinkbord
Barril	Vat
Bolso	Sak
Caixa	Boks
Cesta	Mandjie
Envelope	Koevert
Garrafa	Bottel
Gaveta	Laai
Jar	Pot
Mala	Tas
Navio	Vaartuig
Pacote	Pakkie
Pasta	Gids
Tubo	Buis
Vaso	Vaas

Profissões #1
Beroepe #1

Advogado	Prokureur
Artista	Kunstenaar
Astrônomo	Sterrekundige
Banqueiro	Bankier
Bombeiro	Brandweerman
Caçador	Jagter
Cartógrafo	Kartograaf
Cientista	Wetenskaplike
Dançarino	Danser
Editor	Redakteur
Embaixador	Ambassadeur
Encanador	Loodgieter
Enfermeira	Verpleegster
Geólogo	Geoloog
Joalheiro	Juwelier
Marinheiro	Matroos
Músico	Musikant
Pianista	Pianis
Psicólogo	Sielkundige
Veterinário	Veearts

Profissões #2
Beroepe #2

Agricultor	Boer
Astronauta	Ruimtevaarder
Bibliotecário	Bibliotekaris
Biólogo	Bioloog
Cirurgião	Chirurg
Dentista	Tandarts
Engenheiro	Ingenieur
Filósofo	Filosoof
Fotógrafo	Fotograaf
Ilustrador	Illustreerder
Inventor	Uitvinder
Investigador	Navorser
Jardineiro	Tuinier
Jornalista	Joernalis
Linguista	Taalkundige
Médico	Geneesheer
Piloto	Vlieënier
Pintor	Skilder
Professor	Onderwyser
Zoólogo	Dierkundige

Restaurante # 2
Restaurant #2

Almoço	Middagete
Água	Water
Bebida	Drank
Bolo	Koek
Cadeira	Stoel
Colher	Lepel
Delicioso	Heerlike
Especiarias	Speserye
Fruta	Vrugte
Garçom	Kelner
Garfo	Vurk
Gelo	Ys
Jantar	Aandete
Legumes	Groente
Macarrão	Noedels
Ovo	Eiers
Peixe	Vis
Sal	Sout
Salada	Slaai
Sopa	Sop

Restaurante #1
Restaurant #1

Alergia	Allergie
Café	Koffie
Caixa	Kassier
Carne	Vleis
Cozinha	Kombuis
Faca	Mes
Frango	Hoender
Garçonete	Kelnerin
Guardanapo	Servet
Ingredientes	Bestanddele
Menu	Menu
Molho	Sous
Pão	Brood
Picante	Pittige
Placa	Plaat
Reserva	Bespreking
Sobremesa	Nagereg
Tigela	Bak

Roupas
Klere

Avental	Voorskoot
Blusa	Bloes
Calça	Broek
Camisa	Hemp
Casaco	Jas
Chapéu	Hoed
Cinto	Gordel
Colar	Halssnoer
Jaqueta	Baadjie
Jeans	Denim
Luvas	Handskoene
Meias	Sokkies
Moda	Mode
Pijama	Pajamas
Pulseira	Armband
Saia	Rok
Sandálias	Sandale
Sapato	Skoen
Suéter	Trui
Vestido	Aantrek

Surf
Branderplankry

Atleta	Atleet
Campeão	Kampioen
Espuma	Skuim
Estilo	Styl
Estômago	Maag
Extremo	Uiterste
Força	Sterkte
Multidões	Skares
Oceano	Oseaan
Onda	Golf
Popular	Gewilde
Praia	Strand
Principiante	Beginner
Rapidez	Spoed
Recife	Rif
Tempo	Weer

Tecnologia
Tegnologie

Arquivo	Lêer
Blog	Blog
Bytes	Grepe
Câmera	Kamera
Computador	Rekenaar
Cursor	Wyser
Dados	Data
Digital	Digitale
Estatísticas	Statistieke
Fonte	Font
Internet	Internet
Mensagem	Boodskap
Navegador	Leser
Pesquisa	Navorsing
Segurança	Sekuriteit
Software	Sagteware
Tela	Skerm
Virtual	Virtuele
Vírus	Virus

| ***Tempo*** | | ***Tipos de Cabelo*** | | ***Vegetais*** | |
Tyd		Hare Tipes		Groente	
Agora	Nou	**Branco**	Wit	**Abóbora**	Pampoen
Ano	Jaar	**Brilhante**	Blink	**Aipo**	Seldery
Antes	Voor	**Cachos**	Krulle	**Alcachofra**	Artisjok
Anual	Jaarlikse	**Careca**	Kaal	**Alho**	Knoffel
Calendário	Kalender	**Cinza**	Grys	**Batata**	Aartappel
Década	Dekade	**Colori**	Gekleurde	**Beringela**	Eiervrug
Dia	Dag	**Encaracolado**	Krullerige	**Brócolis**	Broccoli
Futuro	Toekoms	**Fino**	Dun	**Cebola**	Ui
Hoje	Vandag	**Grosso**	Dik	**Cenoura**	Wortel
Hora	Uur	**Loiro**	Blond	**Chalota**	Salot
Manhã	Oggend	**Longo**	Lank	**Cogumelo**	Sampioen
Meio-Dia	Middag	**Marrom**	Bruin	**Ervilha**	Ertjie
Mês	Maand	**Ondulado**	Golwende	**Espinafre**	Spinasie
Minuto	Minuut	**Prata**	Silwer	**Gengibre**	Gemmer
Momento	Oomblik	**Preto**	Swart	**Nabo**	Raap
Noite	Nag	**Saudável**	Gesond	**Pepino**	Komkommer
Ontem	Gister	**Seco**	Droë	**Rabanete**	Radys
Relógio	Klok	**Suave**	Sagte	**Salada**	Slaai
Semana	Week	**Trançado**	Gevleg	**Salsa**	Pietersielie
Século	Eeu	**Tranças**	Vlegsels	**Tomate**	Tamatie

| ***Veículos*** | | ***Verão*** | | ***Virtudes #1*** | |
Voertuie		Somer		Deugde #1	
Ambulância	Ambulans	**Acampamento**	Kampeer	**Apaixonado**	Passievol
Avião	Vliegtuig	**Alegria**	Vreugde	**Artístico**	Artistieke
Balsa	Ferry	**Amigos**	Vriende	**Bom**	Goeie
Barco	Boot	**Casa**	Tuis	**Curioso**	Nuuskierig
Bicicleta	Fiets	**Estrelas**	Sterre	**Decisivo**	Beslissend
Caminhão	Vragmotor	**Família**	Familie	**Eficiente**	Doeltreffend
Caravana	Karavaan	**Jardim**	Tuin	**Encantador**	Sjarmant
Carro	Motor	**Jogos**	Speletjies	**Engraçado**	Snaaks
Foguete	Vuurpyl	**Lazer**	Ontspanning	**Generoso**	Ruim
Helicóptero	Helikopter	**Livros**	Boeke	**Independente**	Onafhanklik
Jangada	Vlot	**Mar**	See	**Inteligente**	Intelligente
Lambreta	Scooter	**Mergulho**	Duik	**Limpo**	Skoon
Metrô	Metro	**Música**	Musiek	**Modesto**	Beskeie
Motor	Enjin	**Praia**	Strand	**Paciente**	Pasiënt
Ônibus	Bus	**Sandálias**	Sandale	**Prático**	Praktiese
Pneus	Bande	**Viagem**	Reis	**Sábio**	Wyse
Submarino	Duikboot			**Útil**	Nuttig
Táxi	Taxi				
Transporte	Pendel				
Trator	Trekker				

Xadrez
Skaak

Aprender	Om te Leer
Branco	Wit
Campeão	Kampioen
Concurso	Wedstryd
Desafios	Uitdagings
Diagonal	Diagonaal
Estratégia	Strategie
Jogador	Speler
Jogo	Spel
Oponente	Teenstander
Passivo	Passiewe
Pontos	Punte
Preto	Swart
Rainha	Koningin
Regras	Reëls
Rei	Koning
Sacrifício	Offer
Tempo	Tyd
Torneio	Toernooi

Parabéns

Conseguiu!

Esperamos que tenha gostado tanto deste livro como nós gostamos de o desenhar. Esforçamo-nos por criar livros da mais alta qualidade possível.
Esta edição foi concebida para proporcionar uma aprendizagem inteligente, de qualidade e divertida!

Gostou deste livro?

Um simples pedido

Estes livros existem graças às críticas que publica.
Pode ajudar-nos, deixando agora uma revisão?

Aqui está um pequeno link para
a sua página de revisão:

BestBooksActivity.com/Avaliacoes50

DESAFIO FINAL!

Desafio n° 1

Está pronto para o seu jogo grátis? Usamo-los a toda a hora, mas não são tão fáceis de encontrar - aqui estão os **Sinônimos!**
Escreva 5 palavras que encontrou nos puzzles (n° 21, n° 36, n° 76) e tente encontrar 2 sinónimos para cada palavra.

*Escreva 5 palavras de **Puzzle 21***

Palavras	Sinônimo 1	Sinônimo 2

*Escreva 5 palavras de **Puzzle 36***

Palavras	Sinônimo 1	Sinônimo 2

*Escreva 5 palavras de **Puzzle 76***

Palavras	Sinônimo 1	Sinônimo 2

Desafio n° 2

Agora que já aqueceu, escreva 5 palavras que encontrou nos Puzzles (n° 9, n° 17 e n° 25) e tente encontrar 2 antônimos para cada palavra. Quantos se podem encontrar em 20 minutos?

Escreva 5 palavras de **Puzzle 9**

Palavras	Antônimo 1	Antônimo 2

Escreva 5 palavras de **Puzzle 17**

Palavras	Antônimo 1	Antônimo 2

Escreva 5 palavras de **Puzzle 25**

Palavras	Antônimo 1	Antônimo 2

Desafio n° 3

Óptimo! Este desafio final   não é nada para si.

Pronto para o desafio final? Escolha 10 palavras que tenha descoberto nos diferentes puzzles e escreva-as abaixo.

1.	6.
2.	7.
3.	8.
4.	9.
5.	10.

Agora escreva um texto a pensar numa pessoa, num animal ou num lugar de seu agrado.

Pode utilizar a última página deste livro como um rascunho.

A Sua Composição:

CADERNO DE NOTAS:

ATÉ BREVE!

A equipa Inteira